팔복

팔복
CPS 관점설교 시리즈 13

지은이	최 식
발행인	최 식
발행처	도서출판 CPS
펴낸날	2018. 5. 23
등 록	No. 112-90-27429
주 소	경기도 의왕시 포일세거리로7. 3층
전 화	031)421-1025
팩 스	031)421-1027
홈페이지	www.cpsbook.co.kr

ISBN 979-11-88482-07-8

값 12,000원

ⓒ 판권 저자 소유
이 책의 일부분이라도 저자의 허락 없이는 무단 복제할 수 없습니다.

CPS 관점설교 시리즈 13

팔복
Beatitudes

최 식 지음

복음서에 나타난 산상수훈 – 그 가르침 제대로 따르는 길

CPS

| 서 문 |

팔복, 참된 그리스도인의 삶과 행복 가르침

　예수님께서 말씀하신 산상수훈은 우리의 영과 육을 복의 세계로 이끄시려는 예수님의 특별한 사랑 표현입니다.
　문자적으로만 본다면 산상수훈처럼 이상한 복음도 없을 것입니다. 예수님의 산상수훈은 짧은 선포를 통해 깊고 긴 생명의 세계로 초대하시는 강한 메시지입니다.

　그동안 13권의 책을 통해 관점설교 방법론을 소개했습니다. 관점설교 방법론이란,

　* 본문에서 하나님께서 말씀하시려는 목적(관점)을 찾아서 그 관점으로 청중에게 문제의식을 주고

　* 하나님께서 왜 그런 문제를 갖게 하셨는지 하나님의 목적을 중심으로 해결(본문을 주신 이유와 목적)을 제시하고

　* 하나님의 목적을 중심으로 청중의 문제를 진단해 현재 청중이 겪고 있는 여러 문제들을 조명하고 해결 방향을 제시해

* 적용된 말씀대로 실천하고 행동하도록 결단을 이끄는 설교방식입니다.

산상수훈의 핵심인 팔복도 이런 관점설교 방식을 중심으로 설교를 작성해 전달하도록 꾸몄습니다.

팔복은 그리스도인들의 진정한 삶이 무엇인지, 참된 그리스도인의 삶과 행복이 무엇인지 가르쳐주신 말씀입니다.
팔복 관점설교를 통해 예수님께서 말씀하시려는 진정한 복의 세계를 체험하고 나누는 기회가 되기를 바랍니다.

"마음이 청결한 자는 복이 있나니 그들이 하나님을 볼 것임이요"
(마 5:8)

2018년 5월
CPS 설교학교에서 **최 식 목사**

목 차

서 문

 **팔복에 이르는 길**

01
심령 가난 • 마 5:3 / 11

02
애통하는 자 • 마 5:4 / 19

03
온유한 자 • 마 5:5 / 27

04
의에 주리고 목마른 자 • 마 5:6 / 35

05
긍휼히 여기는 자 • 마 5:7 / 43

06
마음이 청결한 자 • 마 5:8 / 51

07
화평하게 하는 자 • 마 5:9 / 59

08
의를 위하여 박해를 받은 자 • 마 5:10 / 67

# PART 2 관점설교

01
네 마음을 지키라 • 잠언 4:20~27 / 77

02
네 입을 크게 열라! • 시편 81: 8-16 / 85

03
노래하는 자들 • 역대하 20:20~23 / 95

04
애굽으로 내려가지 마라 • 이사야 31:1-9 / 103

05
요셉의 각 아들 • 히브리서 11:21 / 113

Beatitudes

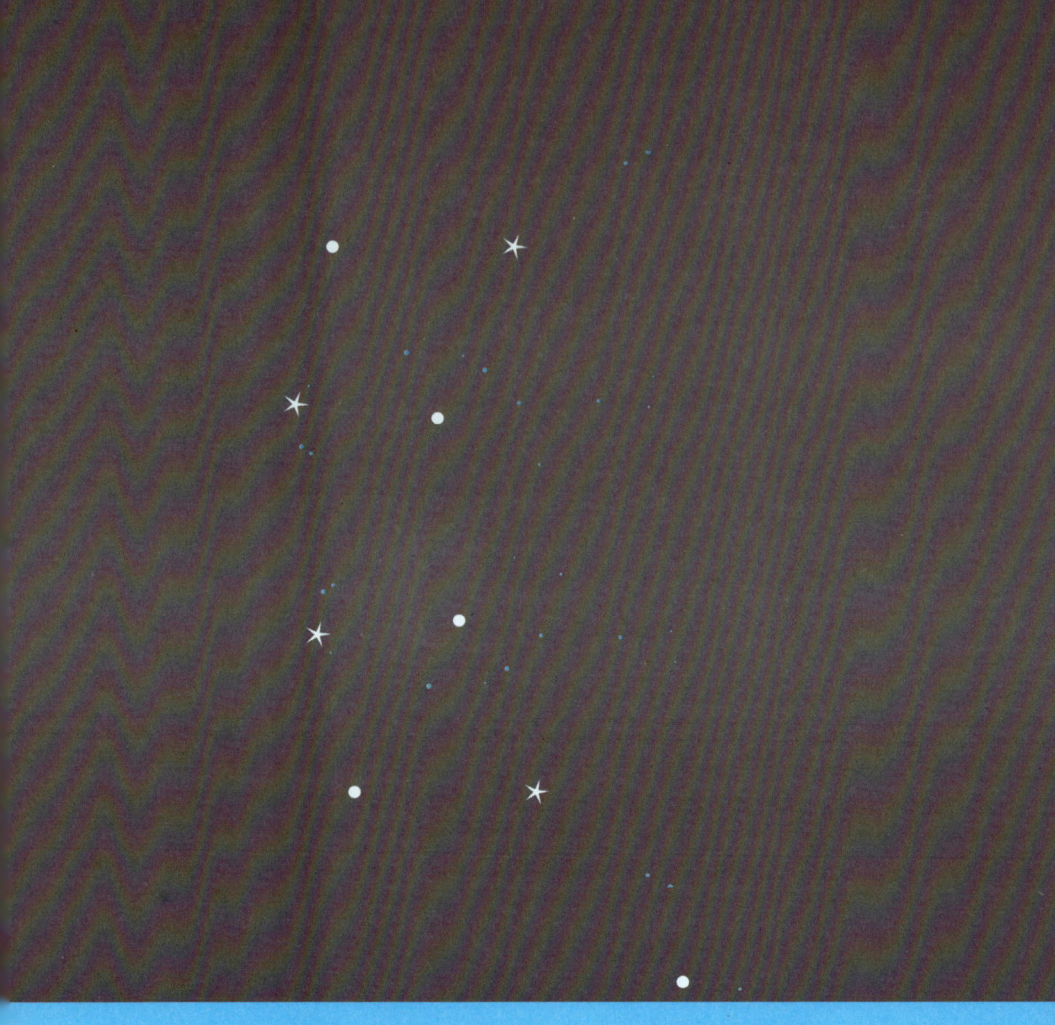

Beatitudes

PART 1

팔복에 이르는 길

심령이
가난한 자는
복이 있나니
천국이
그들의 것임이요

마태복음 5:3

01 _마태복음 5:3_ 심령 **가난**

심령이 가난한 자는 복이 있다고 합니다.
복이란 무엇입니까!
* 부족이 채워지는 것이 복입니다.
* 문제가 해결되는 것이 복입니다.
* 현재보다 더 나은 결과를 얻는 것이 복입니다.

설교를 이끄는 관점

그런데 본문은 심령이 가난한 것을 복이라고 합니다.
가난이 무엇입니까!
궁핍하고 모자라고 채워지지 않는 것이 가난입니다. 그래서 가난은 부끄러운 것이고, 감추고 싶은 것이고, 사람들이 싫어하고 기피합니다.

그런데 어떻게 가난한 것이 복입니까?

가난은 절대로 복이 아닙니다. 아무에게나 물어 보십시오! 가난을 복이라고 여기는 자들이 몇이나 있겠습니까? 가난은 복이 아니기 때문에 자신의 가난과 궁핍 그리고 부족을 자랑하려고 하지 않습니다. 할 수만 있으면 감추려고 합니다. 또한 다른 사람들이 가난하다는 이유로 자신을 업신여기지 않도록 최선을 다해서 가난을 탈출하려고 합니다.

여러분 중에 가난을 복이라고 여기는 자가 있습니까?

그렇다면 본문에서 말씀하고 있는 심령이 가난하다는 것과 일맥상통합니까?

본문의 심령이 가난하다는 것은 무슨 뜻입니까?

여기서 말하는 심령은 보이지 않는 실체(존재)입니다. 심령을 마음이라고 표현하기도 합니다. 마음이 가난하다는 것은, 우리 안에 심각한 고통, 아픔 이러한 것들로 인하여 마음에 여유가 없다는 뜻입니다.

마음에 마땅히 채워져야 할 것이 없어서, 텅 비어 다른 사람들과 소통하는 것조차 힘든 상태를 말합니다. "나 요즘 너무 힘들어! 요즘 내 마음이 너무 허전해!" 이렇게 말하는 것을 심령 가난이라고 할 수 있습니다.

이런 심령의 상태가 어떻게 복입니까!

누가 이것을 복이라고 말합니까? 이런 마음의 소유자는 절대 복된 사람이 아닙니다. 이런 마음 가난의 사람들은 방황하고 힘든 시간을 보냅니다. 그리고 가끔 이런 사람들 중에 자신의 공허함을 채울 수 없을 때 극단적인 선택을 하는 경우도 있습니다.

그런데 왜 이러한 심령 가난을 복이라고 합니까!
심령 가난은 단순히 우리 마음이 비어 있는 상태만 말하는 것이 아니라 그것 때문에 극심한 고통을 당하는 상태입니다. 어째서 심령 가난이 복입니까!

하나님의 목적으로 해결

예수님께서 심령 가난을 복이라고 말씀하시는 것은 목적이 있습니다. 예수님이 말씀하신 심령 가난이란 "영적인 거지상태"를 말하는 것입니다. 이는 영적인 배고픔과 허덕임의 상태를 의미합니다.

* 그러면 왜 예수님은 이런 영적인 상태를 복이라고 하셨을까요?

영적 배고픔과 허덕임을 가진 자만이 천국, 즉 영적 배부름(만족상태)을 얻기 위해서 노력하기 때문입니다.

한 가지 예를 들어 보겠습니다.
집을 떠난 탕자가 거지가 되었습니다. 쉽게 말하면 그가 배고픔과 궁핍 상태에 빠지게 되었습니다. 이것이 가난입니다. 이 탕자의 가난은 아버지의 집(천국, 자기의 배고픔을 해결할 수 있는 아버지)을 얻기 위해서 노력합니다. 바로 이것이 복입니다. 결국 탕자의 가난이 아버지를 찾게 했습니다. 그의 가난은 복이었습니다.

1. 우리는 심령이 가난해져야 합니다.

배고픔과 허덕임을 가진 영성이 우리에게 필요합니다. 이것이 없는 자는 살아 있으나 죽은 자입니다. 자신을 보지 못하는 영적 소경이며, 자신의 비참함을 모르는 가련한 자입니다. 심령 가난이 없는 것은 죽은 영성입니다.

2. 심령이 가난한 자는 끊임없이 예수님을 갈구합니다.

심령이 가난한 자는 예수님을 찾게 되어 있습니다. 심령이 가난한 사람은 예수님께로 나아갈 수밖에 없습니다. 예수님이 없이는 채울 수 없다는 사실을 알기 때문입니다. 예수님은 우리의 심령 가난, 인간의 힘으로는 절대 채울 수 없는 배고픔과 허덕임을 채우러 오신 분입니다.

3. 심령 가난의 끝은 굶어 죽는 것이 아닙니다.

심령이 가난한 자는 예수님을 채울 수밖에 없습니다. 세상에서 절대로 얻을 수 없는 완성된 채움(천국=예수님=영생)을 얻게 됩니다. 심령이 가난한 자만이 예수님으로 채울 수 있습니다.

그러므로 심령 가난의 끝에서는 예수님으로 채워지는 복을 누리게 되는 것입니다. 이것이 심령이 가난한 자가 복된 이유입니다.

청중 적용

사랑하는 여러분!

1. 지금 여러분의 심령은 어떤 상태입니까?

사실 지금 우리의 심령은 배고픔, 즉 가난의 문제보다는 너무 배부르고 넘쳐나서 문제입니다. 자신의 부족을 느끼고, 자신의 연약함을 채우려는 가난한 자이기보다는 자신은 그 무엇도 부족하지 않은 부자라는 착각으로 살기 때문입니다.

그래서 가난한 자처럼 살려고 하는 자를 비난하고, 멸시하고, 무시합니다. 외식주의자로 취급하기도 합니다. 그래서 우리 주변에는 심령이 가난한 자를 찾기 어렵습니다.

* 당신은 언제 심령 가난을 경험했습니까?
* 심령 가난의 상태를 느껴본 적이 있습니까?
* 자신의 심령 가난을 끌어안고 몸부림해본 적이 있습니까?

심령이 가난한 자들이 없는 곳에는 예수님도 없습니다.
부자 심령이 있는 곳에는 주님이 안 계십니다. 계시록에 나오는 교회 중에 라오디게아 교회는 자칭 "부자"라고 큰 소리쳤지만 실상 예수님의 눈에는 벌거벗은 자였습니다. 수치와 멸시를 모르는 자였습니다. 이들이야말로 정말 가난하고 가련하기 그지없는 자였습니다.

혹시 이런 모습이 지금 나와 우리 교회의 모습은 아닐까요?

2. 심령이 가난한 자는 예수님을 갈망하고 채우려는 살아있는 자입니다.

예수님으로만 채우려고 애타는 자입니다. 예수님 외에는 그 어느 것도 채우지 않으려는 자입니다.

오늘 우리도 예수님을 채우고 갑시다!

1) 예수님을 채우려면 가난해져야 합니다.
내 안에 불필요한 것들을 버려야 합니다. 나를 비우고 청소해야 합니다. 내 안에 예수님을 채울 공간이 마련되어야 합니다.
예수님을 갈망하는 가난한 자가 되어야 합니다.

2) 예수님처럼 사는 것이 예수님을 채우는 것입니다.
예수님을 닮으려는 필사적인 열정이 나를 비우고 예수님을 채우게 합니다.
24시간 매 순간 예수님을 놓치지 마십시오! 그분을 채우고 그분처럼 살기 위해서 많은 것을 포기할 수 있어야 합니다.

3) 이러한 심령 가난한 사람에게 주님은 임하셔서 은혜로 채워 주십니다.
심령 가난한 자 외에는 주님이 주시는 은혜를 알 자가 없습니다. 이런 자의 결국은 천국입니다. 이것이 심령 가난한 자가 받는 복입니다.

청중 결단

영적 가난을 위해서 아무것도 하지 않는 것은 심령 가난이 아닙니다.
자신을 비우고 예수님으로 채우고 닮아가는 것이 심령 가난한 삶입니다.

예수님을 닮고 채우는 삶은 매 순간,
예수님이라면 어떻게 하셨을까?
예수님을 앞장세우고 사는 삶입니다.

이번 한 주간 예수님을 앞장세우고 모든 일을 시작하고 진행해봅시다.
24시간을 예수님으로 채워봅시다.
이런 자들에게 주시는 특별한 은혜를 놓치지 않기를 바랍니다.

애통하는
자는
복이 있나니
그들이
위로를 받을 것임이요

마태복음 5:4

02 애통하는 자
마태복음 5:4

주변에 눈물을 자주 보이는 사람들이 있습니다. 꼭 여성분들만 그러는 것이 아니라 남성분들 중에도 이런 분들이 적지 않습니다. 이런 분들 중에는 거의 눈물로 사는 사람들도 있습니다.

혹시 여러분 주변에 이런 분들은 없으십니까!

설교를 이끄는 관점

오늘 본문에도 눈물에 대한 이야기를 하고 있습니다. 바로 애통하는 자입니다.

여기서의 애통이란 몹시 슬퍼하며 통곡하는 상태를 말합니다. 마치 죽은 자를 애도하며 슬퍼하는 상태를 의미합니다.

이런 슬픔의 눈물을 흘리며 통곡하는 자는 불편합니다.
죽은 자를 끌어안고 비탄에 빠진 자와 같은 눈물과 절망의 통곡으로 사는 자를 누가 곁에 두고 싶겠습니까! 만일 여러분 가까이에 이런 사람이 있다면 그래도 그와 계속 관계하시겠습니까! 잠깐 동안 슬픔과 애통이 있을 수 있습니다. 하지만 이런 상태가 지속되는 것은 문제입니다.

* 그래서 이렇게 애통하는 자는 복이 아닙니다.
생각해보면 애통이라는 말부터 문제를 안고 있습니다. 고통과 아픔으로 눈물짓는 삶이 어떻게 복입니까? 자기 스스로 아무것도 해결할 수 없기에 눈물로 시간을 보내는 그런 자가 어떻게 복된 자입니까! 이런 상태는 절대로 복이 아닙니다.

복은 애통과 눈물이 아니라 웃음과 기쁨입니다.

애통이 없는 삶이 복입니다. 나도 웃고 너도 웃는 것이 복입니다. 애통은 나도 주변도 힘들게 합니다. 애통하는 사람들이 내 주변에 자꾸 늘어나는 것은 내가 불행해지는 환경에 처하게 되는 것입니다. 애통하는 자는 절대로 복이 아닙니다.

그런데 왜 예수님은 애통하는 자가 복이 있다고 하셨습니까!

하나님의 목적으로 해결

예수님이 말씀하시는 애통이란, 앞에서 말한 것처럼 불행과 고통을 해결할 수 없어서 쏟아내는 절망과 아픔의 눈물이 아닙니다. 여기서 말하는 애통은 자신의 죄를 바라보는 시각입니다.

예수님께 자기를 비추어본 결과 자기가 범한 죄와 그 죄로 인하여 다가올 멸망을 깨닫고 자신의 죄를 씻어내려는 탄식의 눈물을 의미합니다. 어떤 사람은 자신의 죄를 바라보아도 탄식하지 않습니다. 내가 내 죄를 바라볼 때 탄식하고 절망하지 않으면 안 되는 것을 깨닫고 우는 자가 애통하는 사람입니다.

히 5:7에 보면 예수님께서 이 땅에 계실 때 "심한 통곡과 눈물"을 보이셨습니다. 이것이 예수님께서 죄를 바라보시던 시각입니다. 예수님은 우리의 죄를 바라보실 때 "저들의 죄를 씻어주세요"라며 심히 통곡하며 애통하셨습니다. 예수님께서 애통하는 자의 본을 보여주셨습니다.

애통하는 자는 자기의 죄를 철저히 바라보는 자입니다.
애통하는 자는 죄의 심각성을 알고 씻어내려는 자입니다.
애통하는 자는 죄와 결별하려고 전투하는 자입니다.
애통하는 자는 죄를 끌어안고 떼굴떼굴 구르는 자입니다.
애통하는 자는 자기 탄식의 눈물과 통곡으로 몸부림치는 자입니다.
이것이 바로 애통하는 자입니다.
예수님 보시기에 이 사람이 바로 복된 자입니다.

눅 18:9-14에 나오는 바리새인과 세리의 기도 장면을 아실 것입니다. 바로 그 세리의 모습이 애통하는 자의 모습입니다. 세리는 애통하는 자였습니다. "나는 감히 하나님 앞에 설 수 없는 자라고 자신을 찢었던 자" 바로 그 사람이 애통하는 자입니다.

1. 애통하는 자는 자기를 바라보는 자입니다.

애통하는 자의 눈에는 자기가 먼저 보입니다. 자기 눈의 들보를 먼저 봅니다. 자기의 허물을 보지 못하는 사람은 다른 사람에게서 허물을 찾습니다.

애통하는 자는 자기를 먼저 살핍니다. 애통하는 자의 눈은 언제나 자기를 향하고 있습니다.

2. 애통하는 자는 자기 자신을 청소하기 위해서 처절하게 몸부림을 지속하는 자입니다.

애통하는 자는 사람의 위로를 기다리지 않습니다. 그는 오직 임시방편의 사람이 아닙니다. 그의 애통은 잠깐으로 끝나지 않습니다. 그의 애통은 일회성이 아닙니다. 애통하는 자의 손은 언제나 자기를 가리킵니다.

3. 애통하는 자에게는 하나님의 위로가 있습니다.

애통하는 자는 하나님의 위로만을 기다립니다. 이것이 그가 누리는 복입니다.

하나님께서 그에게 주시는 위로는 사죄의 확신입니다. "내가 네 죄를 사하노라!" 애통하는 자는 주님이 주시는 사죄 확신으로 위로를 얻게 됩니다. 이 하나님의 위로가 있음을 알기에 애통하는 자는 오늘도 애통하는 삶을 게을리하지 않습니다.

청중 적용

사랑하는 여러분!

1. 우리는 어떻게 살고 있습니까?

우리는 상대방의 티나 허물을 너무 쉽게 바라보고 함부로 말합니다. 더 나아가 정죄하고, 비난하는 것도 서슴지 않습니다. 이로 인해서 우리 주변에 일어나는 상처와 아픔들이 적지 않습니다. 어떤 사람은 이런 자들의 말과 행동으로 인하여 아주 심한 감정적 손상을 입습니다. 그래서 시험에 들거나 싸움이 일어나기도 하고 심한 경우 교회를 떠나기도 합니다. 문제는 이런 우리의 모습들이 좀처럼 고쳐지지 않고 반복된다는 사실입니다.

* 왜 이런 문제들이 우리 안에서 반복될까요?

자기를 바라보는 애통의 상태를 벗어났기 때문입니다. 자신의 허물과 죄를 바라보는 눈이 없어졌기 때문입니다. 자기 탄식, 자기 절망의 시간을 놓쳤기 때문입니다.
이것이 모든 문제의 원인입니다.

2. 살길은 하나밖에 없습니다. 내가 울어야 모두가 살 수 있습니다·

나를 끌어안고 애통하는 것만이 살길입니다. 오늘 예수님 앞에서 나를 살펴보기 바랍니다. 과연 예수님의 눈에도 내가 애통하지 않아도 되는 사람인지 비추어 보기 바랍니다.

지금은 내가 애통해야 할 때입니다.
통곡과 탄식의 시간이 절실한 때입니다.
이 시간이 지나가 버리면 아무것도 할 수 없을지도 모릅니다.

1) 자신의 죄악을 철저하게 살피시기 바랍니다.
자신의 죄를 끊어내는 처절한 고통의 시간이 애통의 시간입니다.
특히 반복되는 죄를 끄집어내기 위해서 애통해야 합니다. 좀처럼 끊어지지 않고 반복되는 죄, 5, 10, 20년째 반복되는 죄를 애통으로 끊어내야 합니다.

2) 애통하는 자는 하나님 앞에서 우는 자입니다.
소리를 고래고래 지르며 하나님 앞에 회개의 눈물을 흘리는 자입니다.
애통하는 눈물이 없는 자에게는 사죄의 위로도 없습니다. 지금 죄를 씻어내는 고통의 시간이 절실합니다. 모든 원인이 죄로부터 시작되고 죄로부터 현재의 심각성이 찾아왔다는 것을 인식하고, 그 해결을 위한 애통이 절실히 필요합니다. 마치 자신의 장례를 치르는 자처럼 울어야 합니다.

3) 예수님은 애통하는 장소에 찾아오십니다.

애통하는 곳에 하나님의 위로가 있습니다. 애통하는 자의 눈물과 탄식을 주님께서 씻어 주십니다. 예수님은 애통하는 자의 심정을 너무도 잘 아시기 때문입니다.

청중 결단

습관적으로 회개해야 합니다.
회개는 지속적으로 반복적으로 해야 합니다.

회개하는 자가 애통하는 자입니다.
하루를 넘기지 말고 매일매일 애통하는 자의 모습으로 예수님께 나아갑시다!

온유한 자는
복이 있나니
그들이 땅을
기업으로 받을 것임이요

마태복음 5:5

03 마태복음 5:5

온유한 자

우리 주변에는 온순하고 착한 분들이 많이 있습니다. 흔히 말하는 '법이 없어도 살 수 있는 분'들입니다. 좀 이해가 안 되는 것은 이런 분들이 불이익이나 억울한 일들을 겪는 경우가 많다는 것입니다.

설교를 이끄는 관점

오늘 본문은 이런 사람에 대한 이야기입니다. 바로 온유한 자입니다. 예수님은 온유한 자가 복이 있다고 하셨습니다. 그리고 이 온유한 자는 땅을 차지하는 복을 받는다고 합니다.

* 정말 온유한 자는 복된 사람일까요?

여기서 온유하다는 것은 성품이 너그럽고 부드럽다는 뜻입니다. 당연히 사람들은 이런 사람을 좋아합니다. 그리고 우리도 이렇게 살려고 노력합니다.

그런데 우리 주변을 살펴봅시다.
성품이 온유하고 부드러운 자가 부자인 경우가 많습니까? 아니면 거칠고 온유한 모습은 찾아보기 힘든 사람이 부자인 경우가 많습니까? 온유한 자들은 땅을 차지하고 사는 자들이 별로 많지 않습니다. 대부분 땅을 차지하고 사는 자들은 남의 것을 빼앗거나 남을 억울하게 하는 등의 무리한 행동을 하는 자들입니다.

우리 주변에는 온유하다는 이유로 이렇게 억울한 일을 당한 자들이 적지 않습니다. 땅을 차지하기는커녕 있는 것도 빼앗기는 자들이 온유한 자들입니다.

이런 결과를 볼 때 온유한 자가 복이 있고, 그가 땅을 차지하는 복을 받는다는 말씀은 이해가 되지 않습니다. 여러분의 생각은 어떻습니까!

온유한 자들이 땅을 차지하는 복을 받는 경우보다는 억울하고 피해 보는 경우가 훨씬 많습니다.
남의 집에 세들어 산다는 이유만으로 집주인의 횡포와 갑질 때문에 자신의 권리와 재산을 도적질 당한 사람들의 이야기는 어제 오늘의 이야기가 아닙니다. 이런 갑질의 횡포에 무너지는 자들은 대부분 온유한 자들입니다. 힘없고 나약한 약자들입니다. 이들은 온유함과 나약함 때문에 땅을 차지한 것이 아니라 있는 것도 빼앗긴 자들입니다.

그런데 온유한 자가 땅을 차지하는 복을 누린다니 말도 안 되는 이야기입니다.
여러분은 이 말씀을 공감하고 받아들일 수 있습니까!
왜 예수님은 온유한 자가 땅을 차지하는 복을 받는다고 했습니까!
예수님이 말씀하시는 온유한 자는 누구입니까?

하나님의 목적으로 해결

예수님의 말씀은 빈 소리가 아닙니다.
예수님은 누구보다도 온유하신 분입니다. 그래서 예수님은 나는 온유하고 겸손하니 예수님께 와서 온유함을 배우라고 하셨습니다.

여기서 말하는 온유한 자는 모든 것을 견디면서 덮어주는 자를 의미합니다. 다른 사람의 입장에서 그 사람을 위하여 그 어떤 힘든 일도 견디는 자입니다.

이것은 바로 주님의 모습입니다. 예수님은 모든 사람들의 멸시와 조롱을 참고 견디시면서 그들의 죄를 덮어 주셨습니다. 그래서 온유한 자는 예수님의 성품으로 사는 자입니다.

이런 예수님의 온유를 그대로 보여준 자가 있습니다. 스데반입니다. 스데반은 돌에 맞으면서도 저들의 죄를 덮어 달라고 간청했던 바로 그 온유한 자, 예수님의 성품을 가진 자였습니다.

1. 온유한 자는 모든 문제를 입장 바꾸어서 생각하는 자입니다.

자기에게 해를 가하고 이유 없이 고통과 상처를 주는 자를 덮어주기 위해서, 그 사람을 살려주기 위해서 입장 바꿔서 생각하는 자입니다. 예수님의 심정으로 사는 자입니다.

2. 온유한 자는 원망과 불평을 하지 않습니다.

온유한 자의 입에는 늘 용서와 배려가 있습니다.
배려란, 상대방도 그럴 수 있다고 인정해 주는 것입니다.

3. 예수님은 이런 자에게 땅을 차지하는 복을 주십니다.

여기서 말하는 땅은 대지가 아닙니다. 온유함을 통하여 얻은 사람의 마음입니다. 그와 관계하는 사람의 영역을 넓혀 주시는 복을 받습니다.
쉽게 말하면 그의 주변에는 신실한 사람들이 있습니다. 함께하려는 손길이 떠나지 않습니다.

⇨ 온유한 자는 자신을 통하여 주변과 주변 사람들을 살리는 자입니다.

청중 적용

사랑하는 여러분!
1. 나는 주변 사람을 어떻게 대하고 있습니까!

나에게도 땅을 차지할 수 있는 온유함이 있습니까?
주변 사람들은 나를 어떤 사람으로 기억하고 있습니까?

우리는 다른 사람들로부터 상처를 입거나 감정이 상했을 때, 억울하고 힘든 일을 당했을 때 상대방의 입장에서 생각하지 않습니다.

* 솔직히 말하면 우리는 온유한 자는 아니었습니다.

받은 대로 돌려주려고 했습니다. 아니요! 받은 것보다 더 많은 것을 갚아주려고 했습니다. 또 나를 힘들게 했던 자들의 말과 행동을 떠벌려서 그의 입지를 좁히려 했습니다. 당연히 그도 당해야 한다고 여겼습니다. 그를 용서하고 덮어 주려는 노력은 전혀 하지 않았습니다.

그래서 누가 이겼습니까!
내가 이기기보다는 내가 더 많은 상처를 갖게 되었고, 사람들은 나를 더 못된 사람 취급했습니다. 결국 내 주변에 사람이 없습니다. 이것이 지금 우리 현실입니다. 그래도 계속해서 이런 삶을 살겠습니까?
이렇게 사는 것이 속 시원한 삶입니까!

2. 결국 온유한 자가 세상을 이깁니다.

덮어주고, 가려주는 자가 결국은 이기는 자가 됩니다. 예수님은 온유한 자의 심정을 너무 잘 아는 분이십니다. 예수님은 이런 자를 찾아오십니다.

우리도 온유함으로 복의 길을 갑시다!

1) 온유함은 조용히 낮은 자처럼 사는 것이 아닙니다.
온유함은 예수님을 닮아가는 삶입니다. 내 안에 예수님을 모시고 그분을 나타내는 삶입니다. 예수님의 온유하심을 내 삶에 채우지 아니하면 이러한 삶은 불가능합니다. 내가 온유해지려 하지 말고, 나를 예수님께 내어드려서 그분이 나타나시도록 해야 합니다.

2) 상대방의 입장에서 생각합시다.
순간 치밀어 오르는 감정과 분노의 상태에서는 상대방의 입장을 생각하기 어렵습니다. 온유해지는 것이 쉽지 않습니다.
좋은 방법이 있습니다. 상대방을 생각하지 말고 예수님을 생각하면 됩니다. 상대방이 예수님이라고 생각하면 조금은 온유함을 나타낼 수 있습니다. 나도 누군가에는 이런 자였음을 인정하고 다른 사람의 입장을 생각하시기 바랍니다.

3) 예수님은 온유한 자의 곁에 사람을 붙여주십니다. 그를 위로하고 함께하도록 여러 동역자를 보내주십니다.
예수님은 온유한 자에게 사람도, 사명도, 물질도, 주변도 열어 주십니다.

청중 결단

용서했으면 온유한 자의 모습으로 섬겨야 합니다.

이것이 온유한 자의 진짜 모습(예수님은 돌팔매질한 자들을 용서해주실 뿐만 아니라 그들을 끝까지 섬기심)입니다. 섬김은 나에게 해를 가한 자의 유익을 구하는 것입니다. 그가 더 잘되고, 더 좋은 자가 되도록 하는 것이 참된 섬김이고 그렇게 행하는 자가 온유한 자입니다.

의에 주리고
목마른 자는
복이 있나니
그들이
배부를 것임이요

마태복음 5:6

04 마태복음 5:6

의에 주리고 목마른 자

주리고 목마른 삶은 갈급한 자의 삶입니다. 살다보면 이런 갈증은 없을 수 없습니다. 사람은 간절한 필요를 느낄 때 갈증을 호소합니다. 지금 여러분은 어떤 갈증을 느끼고 있습니까?

설교를 이끄는 관점

오늘 본문은 의에 대한 갈증을 말하고 있습니다. 의에 대한 갈증을 '주리고 목마른' 것으로 표현하고 있습니다. 주리고 목마르다는 것은 아직은 채워지지 않았지만 반드시 채워야 된다는 전제를 두고 하는 말입니다. 도대체 의가 무엇이기에 이토록 갈증을 느끼고 애타는 것일까요?

"의(義)"는 사실 먹는 것도 아니고, 마시는 것도 아닙니다.
눈으로 확인할 수 있는 실체도 아닙니다. 이것이 의입니다. 의를 채우면 어떤 유익이 있기에 주리고 목마른 자의 상태에 비유하는 것입니까!

여러분은 의에 주리고 목마른 경험을 한 적이 있습니까?
혹시 지금 이 시간에도 의에 주리고 목마름으로 갈급한 사람이 있습니까?

또 하나 우리가 이해할 수 없는 것은 의에 주리고 목마른 자가 복이 있다는 말씀입니다. 주리고 목마른 것이 어떻게 복이 됩니까! 주리고 목마른 삶은 복이 아니라 부족하고 모자란 피곤하고 지친 삶입니다. 누가 이런 삶이 복되다 하겠습니까!

주리고 목마른 삶은 복이 아닙니다. 배부르고 풍족한 삶이 복입니다.
그런데 왜 예수님은 이런 삶을 복이라 하십니까?

하나님의 목적으로 해결

여기서 예수님이 말씀하시려는 "의"가 무엇일까요?
예수님께서 말씀하신 "의"란 주님이 말씀하신 모든 것, 예수님입니다. 그리고 "주리고 목마름"은 우선순위를 이르는 말입니다. 두 가지를 합해서 말하면 예수님께서 친히 하신 말씀인 "의"를 우선적으로 지키기 위해서 갈증을 느끼는 자가 바로 의에 주리고 목마른 자입니다. 주리고 목마른 자의 우선순위는 배고픔을 해결하는 것입니다. 예수님이 말씀하신 것을 우선적으로 지키기 위해서 갈증이 난 사람처럼, 배고픔을 해결하려고 쫓아다니는 자처럼 사는 것이 의에 주리고 목마른 자의 삶입니다.

의에 주리고 목마른 자의 모습을 예수님께서 친히 보여주셨습니다. 예수님께서 광야에서 사십 일을 금식하셨습니다. 어느 때보다 주리고 목마른 상태였습니다. 이때 사탄이 돌을 명하여 떡을 만들라고 유혹합니다. 하지만 예수님은 '아무리 배가 고파도 사람은 떡으로만 살 것이 아니라 말씀을 먼저 먹어야 한다'고 응수했습니다. 예수님은 주리고 목마르셨지만 떡보다 하나님의 말씀을 우선시 하셨습니다.

또 있습니다.
벳새다 들판에서 최소 일만 명 이상이 하루 종일 예수님의 설교를 들었습니다.
예수님은 아침부터 저녁까지 아주 긴 시간을 청중들을 생각하지 않으시는 것처럼 설교하셨습니다. 그곳에 모인 군중들 모두 주리고 배고팠습니다. 예수님은 의의 말씀을 듣고 먹는 일이 어떤 배고픔보다, 어떤 갈증보다 우선임을 친히 체험하게 하셨습니다.
결과적으로 그들 모두는 열두 광주리가 넘쳐나도록 배부름을 얻는 복을 받았습니다.

예수님은 제자들이 그 어떤 일보다 최우선으로 예수님의 말씀을 지키고 살기를 촉구하셨습니다.

1. 예수님은 '의'이십니다.

예수님은 이 땅에 계시는 동안 의에 주리고 목마른 자들의 삶을 채워주셨습니다. 예수님은 모든 부족을 채우는 비결입니다. 우리가 예수님을 따르는 일에 우선하는 것이 의에 주리고 목마른 삶입니다.

2. 예수님께서 말씀하신 성경 전체가 의입니다.

예수님께서 말씀하신 모든 것은 의입니다. 이것을 지키기 위해서 우선하는 자가 의에 주리고 목마른 자입니다. 우리는 말씀을 지키기 위해서 갈급해야 합니다.

3. 이렇게 삶의 우선순위를 의에 두는 자는 배부름을 얻습니다.

의에 주리고 목마른 자는 약속된 복을 누릴 자입니다. 아무 근심과 걱정이 없도록 주께서 그의 삶을 간섭하십니다. 내가 주의 말씀을 붙잡고 사는 것을 최우선으로 삼으면, 주님도 내 삶에 걱정근심이 없도록 우선적으로 나를 돌보십니다.

청중 적용

사랑하는 여러분!

1. 우리는 무엇에 주리고 목마른 삶을 살고 있습니까!

우리도 주리고 목마른 자처럼 삽니다. 하지만 우리의 주리고 목마름은 예수님께서 말씀하신 것과 다릅니다. 우리는 예수님의 말씀대로 살지도 않고, 삶의 우선순위를 예수님으로 삼고 있지 않습니다.

* 눈에 보이는 것들이 너무 많기 때문입니다.

당장 해결해야 될 일들이 너무 많습니다. 이런저런 핑계 때문에 의에 주리고 목마른 삶의 갈증을 전혀 느끼지 못합니다. 아마 어떤 사람은 한 주간 내내 전혀 의에 대한 생각조차 하지 못하고 살 것입니다.

* 나는 어떤 삶을 살고 있습니까?
* 나는 언제 이런 갈증을 가졌습니까?
* 나는 왜 이런 갈증에서 멀어진 것일까요?

2. 예수님만이 내 삶을 배부르게 하실 수 있습니다.

내가 나를 채우는 삶은 지치고 피곤할 수밖에 없습니다. 하지만 예수님께서 채워주신다면 그 어떤 것도 문제될 것이 없습니다.

1) 내 삶에도 주리고 목마른 부분이 있습니다.

이것은 우리에게 피할 수 없는 문제입니다. 명심해야 할 것은 내 삶의 목마름에 빠져서, 이것 때문에 예수님께서 말씀하신 의에 주리고 목마른 삶의 우선순위를 버린다면 결국 갈증만 더하는 삶이 됩니다. 그러므로 우리의 삶에서 "의"에 주리고 목마름의 우선순위를 놓쳐서는 안 됩니다.

2) 우선순위를 놓치지 마십시오!
무엇을 우선할 것인지는 내가 결정하지만 그 결과는 예수님께서 결정하십니다.
지금 내가 무엇을 위하여 허덕이는지 점검해야 합니다. 그리고 그것이 의에 주리고 목마른 삶이 아니라면 다시 시작해야 합니다.

3) 예수님은 우리 삶의 갈증이 무엇인지 알고 계십니다.
우리의 주리고 목마름과 필요를 아십니다. 예수님께서 우리의 필요를 아시는 것은 채워주시려는 의도가 있기 때문입니다. 예수님은 그 어떤 목마름도 해결할 수 있는 분입니다. 예수님은 내가 의에 주리고 목마를 때 나의 모든 필요를 채우십니다.

청중 결단

말씀을 앞세우고 살아봅시다!
말씀을 실천하고 체험하는 신앙을 가져봅시다.
먼저 하나님 말씀대로 살기 위해서 움직여봅시다.

하루를 시작하면서 말씀을 앞세우고 출발해봅시다. 그리고 그 말씀대로 살려고 애써봅시다. 주님이 나를 위해 어떤 배부름, 어떤 복을 주시는지 반드시 체험하게 됩니다.

　월요일은 이 말씀을 갖고 살아보자!

　화, 수, 목, 금, 토요일 이 말씀 앞세우고 살아보자!

　(주보에 기재하고)

　이렇게 먼저 말씀을 행하려고 하는 삶이 의에 주리고 목마른 삶입니다.

긍휼히
여기는 자는
복이 있나니
그들이
긍휼히 여김을
받을 것임이요

마태복음 5:7

긍휼히 여기는 자

마음을 내어주는 것은 쉽지 않은 일입니다. 같이 사는 부부도 서로의 마음을 다 내어주기가 쉽지 않습니다. 서로가 마음을 주고받는다면 갈등의 시간을 줄일 수 있습니다. 이혼하는 사람들 중에는 서로 소통이 안 된다는 말을 자주 합니다. 쉽게 말해서 마음을 주고받는 것이 잘 되지 않는다는 말입니다.

여러분의 삶은 어떻습니까?

설교를 이끄는 관점

예수님께서는 긍휼히 여기는 자가 복이 있다고 말씀하십니다.
여기서 말하는 긍휼이란 어떤 상태를 이르는 말입니까?

그리고 긍휼히 여기는 자는 어떤 삶을 사는 자입니까?
여러분은 긍휼히 여기는 삶을 살아보신 적이 있습니까?

여기서 긍휼히 여긴다는 말은, "내 마음을 내어준다"는 의미입니다. 누군가에게 마음이 움직이는 상태를 "긍휼히 여기다"라고 합니다. 자신의 마음을 연(open) 상태입니다. 여러분은 누군가를 향하여 마음을 열어서 내어준 적이 있습니까!

* 긍휼히 여기는 자는 복이 있다고 합니다.
누군가를 향하여 내 마음을 여는 것은 좋은 경우보다 힘든 경우가 더 많습니다.
누군가로부터 긍휼히 여김을 받는 것, 누군가로부터 마음을 얻고, 그의 삶을 얻는 것은 당연히 복입니다. 하지만 내 마음, 내 것을 내어주는 것은 복이 아닙니다. 이것은 손해입니다. 이것은 복이 아니라 마이너스입니다. 이런 경우 마음의 상처를 받는 일도 적지 않습니다. 이것을 복이라고 할 수 없습니다.

우리가 누군가를 긍휼히 여겨야 하는 상황이 편하지 않을 때도 있습니다.

가끔 길을 가다가 심각한 장애를 가진 분들이 도움을 요청하는 경우가 있습니다. 이런 경우 우리의 마음이 안타깝고 불편합니다. 이 마음이 오래 갑니다. 이것이 긍휼히 여기는 마음입니다. 그러므로 긍휼히 여기는 것은 복이 아닙니다. 이것은 복이 아니라 힘들고 어려운 일입니다. 삶에 불편함을 주는 것입니다.

전철 안에서 도움을 요청하며 앞에 서 있는 사람들, 그리고 외면하는 사람들을 봅니다. 그때 도와주지 못하면 마음이 불편하지 않습니까! 교회에 찾아오는 노숙자들을 긍휼히 여기는 것도 마땅하지만 … 어쩐지 불편합니다.

여러분의 마음은 어떻습니까!

하나님의 목적으로 해결

예수님께서 긍휼히 여기는 자가 복이 있다고 말씀하시는 것은 긍휼히 여기는 삶을 살아야 한다는 촉구입니다. 그렇다면 예수님께서 원하시는 긍휼히 여기는 자의 삶은 무엇입니까!

예수님께서 말씀하시는 긍휼이란, 예수님의 시각입니다. 예수님의 시각으로 상대를 바라보라는 말씀입니다. 내 기준이 아닌, 예수님의 눈과 마음으로 상대를 살피는 자! 그가 예수님의 긍휼하심의 복을 누릴 자입니다.

* 예수님은 우리를 어떻게 긍휼히 여기셨습니까?
예수님은 차별과 편견 없이 모든 자를 똑같이 대하셨습니다.
수로보니게 여인(가나안 여인), 수가성 여인(유대인들이 가장 경멸) 등 예수님은 누구를 대하시든지 색안경을 끼고 보지 않으셨습니다. 이런 예수님의 긍휼을 갖고 실천한 사람들 중에 사도 바울이 있습니다.

그는 이방인들과 복음의 불모지를 찾아갔습니다. 원래 바울은 가장 편견이 많고 차별이 심했던 사람입니다. 그런 그가 예수님의 긍휼을 가졌을 때 자신이 가진 모든 것을 배설물로 여기고 사람을 예수님의 시각으로 보고 예수님의 심정으로 섬겼습니다.

긍휼히 여기며 사는 자가 되려면!

1. 내 안에 예수님께서 어디에 계신지 점검해야 합니다.

예수님께서 내 안에 인격으로 계시지 않으면 주님이 원하시는 긍휼히 여기는 삶은 불가능합니다. 예수님께서 나를 긍휼히 여겨주신 그 심정이 내 안에 고스란히 있을 때 나도 내 안에 있는 예수님의 시각과 심정으로 긍휼히 여기는 삶을 살 수 있습니다.

2. 내 기준을 버려야 합니다.

여기서 말하는 내 기준이란 선입견을 말합니다. 선입견은 내 시각입니다. 상대에 대한 편견과 차별을 없애야 합니다. 내 기준으로는 상대를 긍휼히 여길 수 없습니다. 다시 말하면 내 기준이 아닌 예수님의 시각을 가지고 상대를 동등한 인격으로 대해야 긍휼히 여길 수 있습니다.

3. 이렇게 할 때에 예수님도 나를 긍휼히 여겨 주십니다.

예수님의 긍휼은 나의 모든 문제를 해결하는 열쇠입니다. 내가 예수님의 시각으로 긍휼히 여긴 만큼 예수님도 나를 긍휼히 여겨주십니다. 긍휼히 여기지 않는 자는 긍휼 없는 심판을 받습니다(약 2:13).

청중 적용

사랑하는 여러분!

1. 지금 나는 어떤 심정으로 형제와 이웃을 대하고 있습니까?

우리들 대부분은 내 기준과 편견을 쉽게 버리지 못합니다. 사람들이 보는 곳에서는 긍휼을 베푸는 자 같지만 실제는 긍휼히 여기는 것을 아주 힘들어합니다. 내가 왜 긍휼히 여겨야 되는지를 알지 못합니다. 많은 사람들은 긍휼히 여기는 것은 귀찮고 힘든 일이라고 생각합니다.

* 예수님의 시각은 좀처럼 보이지 않습니다.
긍휼을 베풀기보다는 내가 주님처럼 행동하고 판단하는 일이 일쑤입니다.
이렇게 사는 자는 다른 사람과 충돌이 일어납니다. 분쟁도 일어납니다. 갈등이 마를 날이 없습니다. 결국은 서로 등을 돌리게 됩니다.

* 우리는 이런 모습을 자주 보았습니다.
가까이는 가정에서 봅니다. 식구들끼리 서로의 입장만을 내세우고 긍휼을 실천하지 않습니다. 그 결과 갈등과 싸움이 지속되고 결국은 가정이 무너지고 맙니다. 상대에 대한 편견 때문에 일어나는 일입니다. 자기 기준을 버리지 못함으로 일어나는 일입니다. 직장, 교회 안에서도 예외가 없습니다. 쉽게 사라지지 않는 문제입니다.

2. 예수님의 시각을 가지십시오!

내가 아닌 주님께서 나를 통하여 일하시도록 해야 합니다. 이것이 긍휼히 여기는 시각입니다.

1) 철저하게 나를 죽여야 합니다.

사도 바울처럼 날마다 나를 십자가에 못 박고 그리스도를 나타내려는 결단 없이는 예수님의 시각으로 사는 것은 매우 어렵습니다. 내 눈은 십자가에 못 박고 예수님의 눈만으로 볼 수 있어야 합니다.

2) 긍휼을 실천하십시오!

예수님을 앞세우고 긍휼을 실천하십시오! 아주 작은 것부터 긍휼을 베푸는 연습을 해야 긍휼을 베푸는 자로 살 수 있습니다. 긍휼히 여기는 마음만으로는 안 됩니다. 긍휼히 여기는 삶이 필요합니다.

3) 예수님은 긍휼히 여기는 나를 통해 내 주변 사람들을 살리십니다.

청중 결단

예수님의 심정으로 섬겨라!
이렇게 섬기면 자랑할 것이 없습니다.
긍휼히 여기는 자, 그는 자랑할 것이 없는 삶입니다.

마음이
청결한 자는
복이 있나니
그들이
하나님을 볼 것임이요

마태복음 5:8

06 마음이 청결한 자

마태복음 5:8

사람이 새롭게 변화되는 것은 쉬운 일이 아닙니다. 개과천선, 마음을 다지고 다시 시작하는 것도 쉽지 않습니다. 그래서 작심삼일이란 말도 합니다.

설교를 이끄는 관점

예수님께서 마음이 청결한 자가 복이 있다고 하셨습니다.
마음 청결은 어떻게 하는 것입니까? 혹시 여러분 중에 마음을 청결하게 청소해본 사람이 있습니까? 예수님은 마음을 청결하게 청소해야 하나님을 볼 수 있다고 하십니다.
그렇다면 다시 한 번 묻겠습니다. 여러분은 하나님을 보셨습니까?

예수님의 말씀대로라면 마음이 청결하지 못한 자는 하나님을 볼 수 없습니다. 우리의 마음이 더러워서 하나님을 볼 수 없다는 말을 받아들일 수 있습니까!

여기서 하나님을 본다는 말은 어떤 의미일까요?
우리가 정말 하나님을 볼 수 있습니까!

마음 청결이란 어떤 의미에서는 마음을 새롭게 고쳐먹는다는 말입니다. 사람이 마음만 고쳐먹으면 하나님을 볼 수 있는 것일까요? 여기서 하나님을 본다는 것은 어떤 하나님을 어떤 방법으로 볼 수 있다는 말입니까?

* 마음이 청결하다는 것은 어떤 의미인가요?
* 마음을 청결하게 하는 방법은 무엇입니까?
* 우리는 하나님 뵈옵기를 갈망합니다.

어떻게 해야 마음이 청결해지고 하나님도 볼 수 있을까요?

하나님의 목적으로 해결

예수님이 말씀하시는 마음 청결은 우리가 생각하는 마음 청결과 좀 다른 의미입니다.
예수님이 말씀하시는 마음이 청결한 자는 "두 마음을 가지지 않은 자"입니다. 예수님 외에 모든 것을 청소한 자입니다. 예수님께서 말쏨하셨던 두 주인을 겸하여 섬기지 않는 자입니다.

막 10:17-22에서 예수님은 마음 청결이 이루어지지 않은 자를 보여주셨습니다.

그는 부자청년입니다. 하나님과 재물을 겸하여 섬기려는 자, 재물을 청소하지 않은 채 예수님이 주시는 영생을 얻으려 했던 자에 대해 말씀 하셨습니다.

* 오직 예수님만을 주인으로 섬기는 자에게 하나님을 볼 수 있는 복을 주십니다. 여기에서 하나님을 볼 수 있다는 것은 "하나님의 뜻을 깨닫는 은혜"를 의미합니다.

예수님께서 복음을 전하셨습니다. 그 결과 어떤 이는 듣고 은혜를 받지만, 반대로 독기를 품고 대적하고 분을 내는 사람도 있습니다.

이런 결과는 그 안에 두 주인이 존재하기 때문에, 마음이 청결하게 청소되지 않았기 때문에 하나님의 음성을 듣지 못하는 것입니다. 하나님을 볼 수 있는 것은 하나님의 음성을 듣고 깨닫는 특별한 은총을 말합니다.

1. 예수님은 두 주인에 대하여 자주 말씀하셨습니다(마 6:24).

여기서 두 주인은 우리의 마음을 더럽히는 세상세력입니다. 하나님에게서 우리를 갈라놓으려는 세력들입니다. 예수님 외에 우리의 마음을 빼앗겨서는 안 됩니다.

2. 겸하여 섬길 수 없다는 단호한 말씀을 하셨습니다.

다시 말하면 마음 청결, 청소에 대한 강력한 경고입니다. 내 마음에서 예수님 외에 다른 세력을 몰아내는 적극적인 신앙을 요구하셨습니다. 마음이 청결한 자, 마음을 청소한 자는 그의 나라와 의를 위하여, 예수님만을 위하여 모든 것을 헌신합니다.

3. 예수님은 마음이 청결한 자에게 하나님의 뜻을 깨닫는 은혜와 그 뜻 가운데 살아갈 수 있는 복을 주십니다.

하나님의 뜻을 깨닫는 것은 하나님을 보고 체험하는 것입니다. 하나님의 뜻을 깨달은 자는 하나님을 본 자처럼 하나님을 위하여 살아갑니다.

청중 적용

사랑하는 여러분!

1. 지금 내 안에서 나를 주관하는 자는 누구입니까!

혹시 예수님 아닌 다른 것들이 내 안에서 주인 행세를 하고 있지는 않습니까!
지금 내 마음을 청소해야 되는 심각한 상태는 아닙니까!

* 내 안에 주인이 누구인지 감출 수 없습니다.
우리의 말과 행동에서 내 주인이 누구인지가 드러나기 때문입니다. 아무리 감추려 해도 감출 수 없습니다. 다 드러납니다. 지금 내 안에서 지배하는 세력이 내 주인이고, 내 마음을 가득 점령한 자입니다.

지금 나는 어떤 말과 행동을 합니까!

* 마음이 청결하지 못한 자는 신앙생활이 힘들고 어렵습니다.

그 안에 하나님께서 주시는 은혜가 사라지고 세상 것들이 지배하기 때문입니다. 하나님을 볼 수 없기에 교회를 와도, 세상에 나가도 평안과 안식이 없습니다.

혹시 지금 내가 이런 상태는 아닙니까!

* 내가 신속히 청소하지 않는다면 주님이 직접 나를 청소하십니다.

예수님께서 성전에 들어가셔서 청결하지 못한 자들을 뒤집고 내쫓으신 것처럼 내게도 그리하실 수 있습니다. 그때는 내 삶이 요동치고, 흔들릴 수도 있습니다. 그러니 어떻게 해야 합니까?

지금 당장 마음 청결, 청소해야 합니다.

2. 예수님을 바로 세우십시오!

예수님 외에는 버리십시오! 나를 더럽히는 세력들로부터 탈출하십시오!

1) 예수님만을 섬기십시오!

이제부터 예수님 외에는 어떤 것도 용납하지 마시기 바랍니다.

예수님과 겸하여 섬기려는 것들을 버리십시오!

2) 예수님께서 내 안을 점령하셔야 합니다.

내 의지와 고집, 내 방식을 접어야 합니다. 나를 고집하는 태도를 내려놓아야 합니다. 내가 죽어야 예수님께서 내 안에 거하십니다.

예수님께 내 모든 자리를 내어드려야 합니다.

3) 마음이 청결한 자에게는 말씀이 들리게 하십니다.

마음 청결이 안 된 자는 절대로 말씀이 들리지 않습니다. 들어도 무슨 말인지 모릅니다. 청소된 자들만 깨닫게 됩니다. 마음 청결한 자만이 깨닫게 됩니다. 다른 사람이 볼 수 없고 들을 수 없는 하나님을 보고 듣게 하십니다.

청중 결단

마음 청결, 청소는 회개입니다.
오직 예수님의 보혈로 씻어내고 또 씻어내야 합니다.
매일매일 회개함으로 예수님을 듣고 볼 수 있는 자들이 되기를 바랍니다.

화평하게 하는
자는 복이 있나니
그들이
하나님의 아들이라
일컬음을 받을 것임이요

마태복음 5:9

07 화평하게 하는 자
마태복음 5:9

우리 주변에는 분위기를 이끄는 사람들이 있습니다. 그 사람만 있으면 모두가 즐겁습니다. 모두에게 재미난 시간이 됩니다. 이런 사람들은 인기가 좋습니다. 그래서 우리는 이런 사람이 되어 보려고 합니다.

설교를 이끄는 관점

예수님께서도 이런 사람의 이야기를 꺼내셨습니다. 바로 "화평케 하는 자"입니다. 편안하게 해석하면 모두를 평안하고, 화목하게 하는 자를 말합니다. 우리에게 꼭 필요한 사람입니다.

여러분 주변에는 누가 이런 자입니까!

혹시 여러분 중에 내가 화평케 하는 자라고 생각하는 사람은 없습니까! 우리 교회 안에는 어떤 사람이 화평케 하는 자입니까!

예수님께서는 "화평케 하는 자는 하나님의 아들이라 일컬음을 받는다"고 하시면서 화평케 하는 자가 얼마나 대단한 자인지를 말씀하셨습니다. 또한 그가 얼마나 필요한지를 복의 개념으로 말씀하셨습니다.

여러분, 대단하고 놀랍지 않습니까?

도대체 화평케 하는 자가 얼마나 대단한 자이기에 그를 하나님의 아들, 즉 하나님처럼 대우하신다는 것입니까! 하나님의 아들이 되는 권세가 화평케 하는 일에 달려있습니다.

여러분도 화평케 하는 자가 되어서 하나님의 아들로 살아가는 복을 누리고 싶지 않으십니까!

하나님의 목적으로 해결

예수님께서 말씀하시는 화평케 하는 자란 어떤 사람일까요?

하나님과 사람 사이에 손을 잡고 있는 자를 말합니다. 한 손은 하나님, 또 한 손은 사람을 붙잡고 화해를 이루는 자가 화평케 하는 자입니다. 바로 예수님께서 하나님과 우리 사이에서 화평케 하신 자이십니다.

화평케 하는 자를 설명할 때 예수님을 빼놓고 말할 수 없습니다. 예수님은 십자가를 통하여 하나님과 우리를 화해시키신 분입니다. 예수님은 우리가 자신의 온몸을 밟고서 하나님께 나아가서 화목하도록 자신의 전부를 내어주셨습니다.

그러므로 화평케 하는 자란, 예수님처럼 사는 자입니다.

예수님의 십자가 복음을 들고 나가서 사람들을 하나님과 화목시키는 자입니다. 사람들을 화목시키기 위해서 자신의 어떤 것이라도 내어주는 자입니다.

예수님처럼 화평케 하는 일에 자신을 내어준 자가 있습니다.
베드로입니다. 베드로는 예수님과 죄인들을 화해시키기 위해서 자기 몸을 십자가에 거꾸로 매달았습니다. 바울은 예수님과 죄인들이 화해되는 일이라면 자신을 관제와 같이 부어드리겠다며 화평케 하는 일을 위해 스스로 죽음의 길을 자청했습니다.

1. 예수님은 우리를 통하여 죄인들과 화해하십니다.

우리가 화평케 하는 자로 하나님과 죄인들의 손을 잡지 않으면 죄인들이 하나님과 화해할 다른 방법이 없습니다. 이것이 미련하고 어리석은 것처럼 보여도 예수님은 화평케 하는 자들의 손을 붙잡고 죄인과 화해하십니다(고전 1:19-23).

2. 화평케 하는 일은 내가 먼저 손을 내미는 사역입니다.

우리가 죄인 되었을 때 예수님께서 먼저 화목을 위하여 손을 내미신 것처럼 우리도 죄인들을 향하여 먼저 화목의 손을 내밀어야 합니다. 말로만 화목을 앞세우고 손 내밀기를 망설이는 것은 화평케 하는 자의 모습이 아닙니다. 화평케 하는 자는 어떤 경우에도 먼저 손을 내미는 자입니다.

3. 화평케 하는 자는 하나님의 아들이라 일컬음을 받습니다.

예수님의 능력이 화평케 하는 자를 통해 나타나게 하십니다. 하나님은 화목하게 하는 일을 위하여 화평케 하는 자에게 아들의 권세를 주십니다.

베드로와 요한이 나면서부터 앉은뱅이 된 자를 '예수님의 이름으로 일어나 걸으라' 할 때 기적이 일어났습니다. 화평케 하는 현장에 아들의 권세가 나타났습니다. 초대교회에는 이런 일들이 너무도 많았습니다.

청중 적용

사랑하는 여러분!

1. 나는 어떤 사람입니까!

나는 하나님과 화목하게 하는 일을 위해서 어떤 노력을 합니까?

내가 머무는 곳마다 화목의 역사들이 나타납니까!
내가 만나는 사람마다 하나님과 화목한 결실이 있습니까!

* 한번 생각해 보시기 바랍니다.
혹시 나 때문에 싸움이 일어나고, 분쟁이 일어나고, 분열이 일어나고, 사람들이 떠나는 일이 일어나지는 않습니까!

* 교회는 화평케 하는 자들의 공동체입니다.
우리 교회 안에서 어떤 분열도, 싸움도 있어서는 안 됩니다.
이는 교회를 세우신 예수님의 본질을 무시하는 행위입니다. 예수님의 마지막 당부의 말씀을 지키기 위해서 화평케 하는 자(증인)가 되어야 합니다. 우리 모두가 화목하게 하는 일을 위하여 하나 되어 일어나야 합니다.

2. 이제는 한걸음 더 다가가서 손을 잡아야 합니다.

지금은 예수님을 잃어버린 자들을 찾아서 하나님과 화평케 하는 일에 헌신할 때입니다.
화목하게 하는 일은 해도 되고 안 해도 그만이라는 생각을 버려야 합니다.

1) 내가 먼저 해야 합니다.
내가 먼저 손을 내밀어야 합니다. 화해가 필요한 자들은 하나님과 등을 돌린 자들입니다. 이들 스스로는 절대 하나님과 화목할 수 없습니다. 그러므로 누군가의 중재가 필요합니다. 손을 내밀어서 중재하는 사람이 있어야 화평케 됩니다.

이 일에 내가 먼저 손을 걷어붙이고 나서야 합니다.

2) 끝까지 포기하지 말아야 합니다.

내가 포기하고 놓아버린다면 누군가는 결국 멸망에 이르게 됩니다. 내가 붙잡은 자를 끝까지 놓지 말아야 합니다. 반드시 화해시켜야 합니다.

3) 예수님은 우리가 누군가의 손을 잡을 때 내 손을 잡아 주십니다.

바로 주님이 아들의 능력을 베푸십니다. 주님이 필요한 모든 것을 공급하십니다.

나에게 은과 금은 없지만 화목하게 하는 일을 위하여 손을 내밀 때, 주님이 그 손을 함께 잡아 주십니다. 제자들의 손을 잡으신 것처럼 내 손도 잡아 주십니다.

청중 결단

화평케 하는 자! 복음의 중재자로 다시 일어나시기 바랍니다.

지금 주변에 쓰러진 자! 낙심한 자! 포기한 자! 절망한 자들이 너무 많이 있습니다. 이들에게 다가서서 다시 일으켜야 합니다. 예수님의 손으로 다시 일으켜서 하나님과 화목하게 합시다.

이 일을 가장 우선시하는 자에게 큰 능력과 복이 임합니다.

의를 위하여
박해를 받은 자는
복이 있나니
천국이
그들의 것임이라

마태복음 5:10

08  의를 위하여 박해를 받은 자

기독교의 역사는 환란과 핍박의 역사입니다. 이러한 고난과 핍박의 흔적들은 지금도 세계 도처에 많이 남아 있습니다. 특히 소아시아 일곱 교회가 받은 고난의 흔적들은 보는 이들로 하여금 안타까움을 자아냅니다.

그 외에도 로마의 카타콤과 원형경기장 그리고 순교자들의 무덤들은 당시의 상황이 얼마나 처참했는지를 알려주고 있습니다.

평소 예수님은 믿음을 지키는 것이 쉽지 않다고 자주 말씀하셨습니다.

설교를 이끄는 관점

본문에서도 의를 위하여 박해를 받는 자는 복이 있다고 하셨습니다. 여기서 말하는 박해란 예수님을 따르는 자들이 당하는 모든 종류의 고난을 총칭하는 말입니다. 다시 말하면 박해란, 예수님 때문에 당하는 곤욕과 멸시 그리고 온갖 종류의 고문을 이용한 고통 등을 말합니다.

이런 박해들은 복이 아닙니다.
초대교회는 박해의 현장이었습니다. 예수님을 믿는다는 한 가지 이유 때문에 그리스도인들은 불 위를 걷기도 하고, 눈과 손발톱이 뽑히기도 하고, 불에 태워지기도 하고, 사나운 맹수들에게 산 채로 던져서 뜯겨 죽기도 했습니다. 어떤 그리스도인들은 눈 앞에서 자녀들이 죽임 당하는 것을 보아야 했고, 아내를 빼앗기기도 했습니다. 굶는 것, 쫓기는 것, 정처 없는 나그네의 삶을 기약 없이 살아야 했습니다.

이런 삶은 무슨 말을 해도 복이 아닙니다!
어떻게 이런 고통과 아픔들이 복이 됩니까?

이들이 예수님을 믿은 것은 현재보다 더 나은 삶을 살려는 희망 때문이었습니다. 하지만 결과적으로는 더 비참하고 끔찍한 삶을 살아야 했습니다. 이것이 어떻게 복입니까! 복을 받은 것이 아니라 저주를 받은 것이고, 더 불행해진 것입니다.

불에 달구어진 뜨거운 솥단지에 사람을 앉히고, 산 채로 장작더미 위에 묶어 불을 지피는 처참한 모습은 절대로 복이 아닙니다!

예수님의 말씀대로 이것이 복이기에 복을 받기 위해서 이런 고통의 장소에 나아가라면 갈 자가 있겠습니까!

하나님의 목적으로 해결

그런데 예수님은 왜 이들이 받은 박해를 복이라 하셨습니까?

이들은 의를 위해서 박해를 피하지 않은 자들이기 때문입니다.
여기서 말하는 "의"란 "예수님께서 가르쳐 주신 삶"입니다. 이들을 복되다 하신 것은, 이들은 예수님께서 가르쳐 주신 것들을 실천하기 위해서 어떤 위협과 박해도 당연한 것으로 여겼기 때문입니다.
만약에 이들에게 의를 위하여 강제로, 억지로 끌려가서 박해를 받게 했다면 이들 모두는 불평과 불만을 늘어놓는 자들이 되었을 것이고, 이러한 핍박과 박해를 견디지도 못했을 것입니다. 하지만 이들은 자신이 겪는 모든 박해를 당연하게 여기며 견디고 이긴 복 된 자들입니다.

1. 이들은 박해를 당연하게 여겼습니다.

예수님께서도 박해를 당연하게 당하시는 것을 보았기 때문입니다.
예수님께서 십자가를 당연하게 담당하셨고, 제자들도 박해를 당연하게 여기며 순교했으며, 앞선 지도자들의 이런 신앙을 보았고 본받았기 때문입니다.
복음의 능력을 모르는 자들의 박해이기에 당연한 것으로 여겼습니다.

예수님, 구원, 천국, 영생의 비밀들을 안다면 믿는 자들을 박해하겠습니까! 몰라서 하는 박해이므로 이들은 당연하게 받아들였습니다.

2. 이들이 박해를 당연하게 받음으로 그리스도인의 정체성을 보여주었습니다.

이들은 박해를 당연하게 여겼기에 박해 앞에서 비굴하지 않았습니다. 그리스도인들은 박해 앞에 무너지는 연약한 자들이 아님을 보여주었습니다.

세상에 그리스도인들을 이길 수 있는 것은 아무것도 없음을 보여주었습니다.

3. 이들이 당한 박해는 천국으로 가는 과정이었습니다.

박해를 이기는 자들이 누리는 상급이 있습니다. 이들은 박해라는 과정을 통하여 천국 문을 열었습니다. 천국은 그리스도를 위하여 신앙을 지킨 박해자들이 머무는 축복의 장소입니다. 이들은 모두 천국을 소망하는 자들이었기에 믿음 지키고, 박해를 당연하게 여기며 당당하게 천국에 입성했습니다.

청중 적용

사랑하는 여러분!

1. 나는 어떤 모습으로 예수님을 따르고 있습니까!

나는 신앙생활에서 찾아오는 시련과 어려움을 어떻게 받아들이고 있습니까?

우리 대부분은 시련과 시험을 당연하게 받아들이지 못합니다. 당연하게 받아들이기보다는 나는 이런 시련을 당할 이유가 없다고 합니다. 그래서 갖가지 반응을 보입니다.

* 왜 내가 이런 시련을 당해야 하느냐며 참을 수 없다고 합니다.
* 무조건 피하려고만 합니다.
  (싫어! 싫어! 싫어! 안 돼! 안 돼!)
* 주변에 시련과 어려움 겪는 사람을 무시합니다.
  (저 사람 왜 그런대!)
* 극단적인 경우에는 시련이나 어려움을 피하기 위해 신앙을 포기하기도 합니다.

우리는 고난 없는 신앙을 복이라고 생각합니다. 또한 고난과 시련 없이 신앙생활하는 것을 자랑스럽게 여깁니다. 일부러 고난을 당할 필요는 없지만, 고난이 다 나쁜 것은 아닙니다. 우리는 고난과 시련을 통하여 더 강하게 된다는 사실도 기억해야 합니다.

박해는 아무나 겪는 것이 아닙니다. 그래서 예수님은 의를 위해서 박해 받는 자를 복되다 하셨습니다.

2. 박해를 당연한 것으로 여기는 자는 복의 사람입니다.

아무런 신앙의 과정이 없는 자는 복을 받고 누릴 자격이 없습니다.

1) 박해를 이겨내는 것이 예수님을 따르는 삶입니다.
예수님은 온실이 아닌 십자가를 통해서 구원을 이루어내신 분입니다. 그래서 주님은 박해받는 자의 심정과 모든 것을 알고 계십니다.

여러분! 나 혼자 겪는 시련이라고 생각하지 마십시오!
주님은 이러한 아픔을 갖고 있는 사람들을 너무나 잘 아시기에 박해를 이기는 자와 함께하십니다. 믿음을 지키십시오! 박해를 견디고 이김으로 자신의 믿음을 보여주십시오!

2) 원망과 불평하지 마세요!
이것이 예수님을 따르는 길이기 때문입니다. 예수님도 우리와 똑같은 길을 가셨기 때문입니다. 당연하게 여기는 자가 박해를 이길 수 있습니다. 원망하고 불평하는 자는 박해가 그를 이깁니다. 박해를 당연하게 여기는 자는 그 어느 것도 그를 이길 수 없습니다. 원망하고, 시험에 빠지고, 분쟁을 일으키면 받을 상이 없습니다.

3) 박해는 계속됩니다.
박해와 고난 없는 신앙은 이 땅에는 없습니다. 고난 없이 예수님을 따르는 것은 불가능합니다. 이런 신앙생활은 불가능합니다. 피할 수 없다면 믿음으로 즐기면 됩니다. 예수님을 따르는 길은 고난을 겪어도 즐거운 길입니다.

청중 결단

시련을 이겨내는 성숙한 신앙으로 세워져가야 합니다.

참 희한한 것은 이 시련을 이겨내는 에너지가 신앙의 연수가 길어질수록 없어진다는 것입니다. 이것은 문제입니다.

천국을 바라보는 신앙으로 이겨내시기 바랍니다!

박해를 이겨내야 한다고 생각하니까 힘든 것이지, 이 길이 천국으로 가는 길이라고 여기고 당연하게 생각하면 쉽습니다.

Beatitudes

PART

2

관점
설교

내 아들아 내 말에 주의하며 내가 말하는 것에 네 귀를 기울이라
그것을 네 눈에서 떠나게 하지 말며 네 마음 속에 지키라
그것은 얻는 자에게 생명이 되며 그의 온 육체의 건강이 됨이니라
모든 지킬 만한 것 중에 더욱 네 마음을 지키라 생명의 근원이 이에서 남이니라
구부러진 말을 네 입에서 버리며 비뚤어진 말을 네 입술에서 멀리 하라
네 눈은 바로 보며 네 눈꺼풀은 네 앞을 곧게 살펴
네 발이 행할 길을 평탄하게 하며 네 모든 길을 든든히 하라
좌로나 우로나 치우치지 말고 네 발을 악에서 떠나게 하라

잠 4:20-27

01 네 마음을 지키라

잠언 4:20-27

핵심관점
▍▍▍ 마음을 지키라

세상에는 우리가 지키고 싶은 것들이 많이 있습니다.

우리는 소중한 가족, 자신이 가장 귀하게 여기는 물건들, 특별한 사연이나 의미를 담고 있는 그 무엇들을 지키면서 살아가고 있습니다.

오늘 이 자리에 있는 여러분은 무엇을 소중히 지키며 살아가고 있습니까?

설교를 이끄는 관점

23절에 보면 "무릇 지킬 만한 것 중에 더욱 네 마음을 지키라"고 합니다.

마음을 지키는 것은 구체적으로 무엇을 의미합니까?

혹시 마음의 실체를 아십니까? 마음을 보았거나 마음의 존재를 확인한 적이 있습니까?

어떤 정신과 의사는 "마음이란 실체는 없다. 뇌 기능의 일부이다"라고 주장했습니다. 이 의사는 마음과 영혼은 존재할 수 없다는 주장을 한 것입니다.

어떤 사람은 "마음은 대상을 인식하고 알아차리는 것", 즉 관념이 마음이라고 합니다. 이들은 마음을 시간이 지나면서 순간순간 변하는 것으로 여기는 것 같습니다.

마음의 사전적인 정의는 "감정이나 생각, 기억 따위가 깃들이거나 생겨나는 곳. 감정, 생각, 기억이 마음이다"라고 표현되어 있습니다. 결국 마음이란 실체를 알 수 없고 존재에 대한 불확실한 개념을 가진 추상적인 것입니다.

이렇게 실체를 알 수 없는 추상적인 마음을 어떻게 지키라는 것일까요?

"모든 지킬만한 것 중에"라는 말은 우리가 지켜야 할 많은 것들 중에 우선적으로 마음을 지키라는 뜻입니다. 눈에 보이는 실체도 아니고, 뚜렷하게 잡을 수 있는 것도 아닌데 어떻게 마음을 지키라고 하시는지 답답한 심정입니다.

누가 마음을 지켜본 경험이 있거나, 마음을 지킨 자를 알고 있다면 도움을 주시기 바랍니다. 마음을 지키는 것은 정확한 향방이 서지 않는 숙제입니다.

그런데 오늘 본문의 말씀은 왜 마음을 지키라고 강조할까요?
정말 마음은 지킬 수 있는 것입니까?

하나님의 목적으로 해결

"마음을 지키라"는 말씀을 통해 두 가지 관점에서 문제를 풀어보려고 합니다.

* 먼저, 왜 마음을 지켜야 할까요?
우리를 무너뜨리려는 세력이 마음을 공략하기 때문입니다.
눈에 보이지 않는 영적 흑암의 세력들이 우리의 마음을 무너뜨리고 허물어서 우리를 실패자로 만들려고 마음을 공격대상으로 삼았기 때문입니다.

예수님께서도 마음을 공략하는 세력에 대해 구체적으로 말씀하셨습니다.

"길 가에 있다는 것은 말씀을 들은 자니 이에 마귀가 가서 그들이 믿어 구원을 얻지 못하게 하려고 말씀을 그 마음에서 빼앗는 것이요 바위 위에 있다는 것은 말씀을 들을 때에 기쁨으로 받으나 뿌리가 없어 잠깐 믿다가 시련을 당할 때에 배반하는 자요 가시떨기에 떨어졌다는 것은 말씀을 들은 자이나 지내는 중 이생의 염려와 재물과 향락에 기운이 막혀 온전히 결실하지 못하는 자요"(눅 8:12-14)

사탄이 마음을 공격하는 것은 한꺼번에 파괴하려는 작전이 아니라 서서히 균열을 일으켜 자멸시키려는 것입니다.

* 어떻게 마음을 지킬 수 있을까요?
마음에 사탄이 들어오지 못하도록 울타리를 쳐야 합니다. "guard"를 가동해야 합니다.
마음이 도둑맞지 않도록 경계와 감시를 해야 합니다. 우리의 마음이 사탄에게 무너지지 않도록, 세상 것들이 우리의 마음을 빼앗지 못하도록 막는 것, 그것이 바로 지키는 것입니다.

* 내 마음을 지켜주는 울타리가 중요합니다.
20-22절은 우리의 마음을 지켜주는 울타리가 무엇인지 가르쳐 줍니다.

"아들아 내 말에 주의하며 내가 말하는 것에 네 귀를 기울이라 그것을 네 눈에서 떠나게 하지 말며 네 마음속에 지키라 그것은 얻는 자에게 생명이 되며 그의 온 육체의 건강이 됨이니라"

하나님의 말씀, 곧 하나님이 우리를 지키는 울타리입니다.
1) 말씀을 듣는 것은 울타리를 세우는 것입니다.
2) 말씀을 내 마음에 담아두는 것은 울타리를 세우는 것입니다.

3) 울타리가 무너지면 육체까지 무너집니다.

마음이 무너지면, 말씀이 내 마음에서 무너지면 내 삶은 문제의 연속입니다.

청중 적용

사랑하는 여러분!
1. 나를 무너뜨리는 세력이 내 안에 있습니다.

내가 나를 무너지게 한다는 것이 실감이 납니까?

지금까지 우리는 나를 무너뜨리는 세력이 내가 아닌 외부의 세력이라고 생각했습니다. 그래서 견고한 성도 짓고, 철과 방패로 무장했습니다. 그런데 이 모든 것이 소용없는 짓이었습니다.

지금 내 마음을 다스리는 것은 무엇입니까?
지금 내 마음을 점령하고 있는 것은 무엇입니까?
지금 내가 목숨 걸고 지키려는 것은 무엇입니까?

2. 예수님을 지키십시오! 예수님을 잃으면 전부를 잃는 것입니다.

지금 내 안에 예수님이 계신지 점검해보시기 바랍니다.

믿음으로 예수님을 내 마음의 지성소에 모시고 있는지 확인하시기 바랍니다.

예수님을 지키지 못하면 모든 것이 끝입니다. 그러므로 목숨을 다하여 예수님을 지켜야 합니다. 예수님의 말씀으로 무장해 내 안에 울타리를 세워야 합니다.

1) 매일매일 예수님을 고백하십시오!
이것이 예수님을 지키는 삶입니다(롬 10:10).
이것이 내 마음에 울타리를 치는 것입니다. 사탄은 이 울타리를 절대로 무너뜨릴 수 없습니다(24절).

2) 유혹에 마음을 빼앗기지 마십시오!
세상과 사탄은 우리의 마음을 빼앗기 위해서 온갖 것들을 우리의 눈앞에 가져옵니다. 보이는 것이 전부가 아닙니다! 믿음의 눈으로 바로 보아야 합니다. 믿음의 눈으로 유혹하는 세력들을 살펴야 합니다(25-26절).

3) 사람의 말에 흔들리지 마십시오!
믿음으로 발을 굳게 하고 좌로나 우로 치우치지 말고 가까운 자들의 말을 주의해야 합니다.
믿음 위에서 든든히 걸어가야 합니다(27절).
이들은 나를 위하는 척하지만 마음의 균열을 일으킬지도 모릅니다. 오직 예수님의 말씀만 붙잡고 믿음 위에서 든든히 걸어가야 합니다.

청중 결단

"내가 말하는 것에 귀를 기울이라"(20절)

하나님의 음성을 계속 들어야 마음을 지킬 수 있습니다.

주일마다 들려주시는 말씀을 집중해서 듣고 그 말씀으로 울타리를 세우는 자, 말씀대로 사는 자가 되어서 이 복을 누리시기 바랍니다.

내 백성이여 들으라 내가 네게 증언하
리라 이스라엘이여 내게 듣기를 원하노
라
너희 중에 다른 신을 두지 말며 이방 신
에게 절하지 말지어다 나는 너를 애굽
땅에서 인도하여 낸 여호와 네 하나님
이니 네 입을 크게 열라 내가 채우리라
하였으나 내 백성이 내 소리를 듣지 아
니하며 이스라엘이 나를 원하지 아니하
였도다
그러므로 내가 그의 마음을 완악한 대
로 버려 두어 그의 임의대로 행하게 하
였도다 내 백성아 내 말을 들으라 이스
라엘아 내 도를 따르라
그리하면 내가 속히 그들의 원수를 누
르고 내 손을 돌려 그들의 대적들을 치
리니
여호와를 미워하는 자는 그에게 복종하
는 체할지라도 그들의 시대는 영원히
계속되리라 또 내가 기름진 밀을 그들
에게 먹이며 반석에서 나오는 꿀로 너
를 만족하게 하리라 하셨도다

시편 81: 8-16

02 네 입을 크게 열라

시편 81: 8-16

핵심관점
||| 하였으나

성경을 읽다보면 이상한 부분이 있습니다. 하나님의 약속이 일방적으로 임하고, 그 약속들을 일방적으로 거두시는 부분입니다. 상식적으로 말하면 약속을 하신 분이 그 약속을 끝까지 지켜야 되는 것이 맞습니다. 그런데 왜 이런 일들이 성경 여러 곳에 반복되는지 이해할 수 없습니다.

오늘 본문에도 이런 부분이 나타나고 있습니다.

10절 "나는 너를 애굽 땅에서 인도하여 낸 여호와 네 하나님이니 네 입을 크게 열라 내가 채우리라 하였으나"

이 말씀을 자세히 보면, 먼저 하나님께서 어떤 분이신가를 친히 말씀하신 후에 "네 입을 크게 열라 내가 채우리라"고 약속하셨습니다.

하지만 마무리 부분을 보면 "하였으나"란 말이 나옵니다. 이 말은 그 약속을 내가 했지만 지금은 그 약속을 지킬 수 없다는 말을 하시려는 것입니다.

설교를 이끄는 관점

분명히 먼저 약속하신 분이 하나님이심을 스스로 밝히셨습니다. 그리고 그 약속을 지킬 수 없다는 말도 스스로 하고 계십니다. 마치 변덕을 부리시는 것처럼 왜 이런 모습을 보이시는 것입니까?

약속을 하셨으면 끝까지 지키셔야 합니다.
"약속은 하였으나" 같은 변명을 하시면 안 됩니다. 사람들 사이에도 약속하면 끝까지 지키려고 노력합니다. 하물며 약속하신 분이 하나님이시라면 어떤 일이 있어도 반드시 약속을 지키셔야 합니다.

만일 '하나님은 약속을 깨뜨리며 지키지 않는 분이다'라는 소문이라도 난다면 누가 하나님을 하나님으로 섬기려고 하겠습니까? 약속을 부도내는 하나님을 더 이상 신앙의 대상으로 삼지 않으려고 할 것입니다.

말씀대로 믿고 입을 크게 열어 하나님의 채우심을 기대하던 사람들에게 그 약속이 취소되었다면 얼마나 실망하겠습니까! 여러분 같으면 "약속은 하였으나" 지킬 수 없다는 하나님을 그래도 믿고 신앙할 수 있겠습니까?

왜 스스로 약속하시고 이런 애매하고 의심스런 말씀을 하실까요?

우리는 그 이유를 알아야 합니다. 이는 하나님과 그분이 하신 모든 약속에 대한 신뢰를 결정하는 일이기 때문에 아주 중요한 문제입니다.

하나님의 목적으로 해결

하나님께서 이런 표현을 하신 것은 약속을 어기신 것이 아니라 약속을 지킬 수 없으시기 때문입니다. 하나님께는 거짓과 속임수가 있을 수 없습니다. 하나님은 한 번 약속하시면 반드시 이루시는 분입니다.

문제는 약속을 받아야 할 대상인 그 백성들이 하나님을 저버렸기 때문에 그 약속을 지키실 수 없게 된 것입니다. 그래서 하나님은 자신이 어째서 약속을 지키지 못했는가를 설명하셨습니다. 그리고 당신이 하신 약속을 지킬 수 있도록 그 약속을 상기시켜서 그 약속의 복을 누리는 자가 되라고 하시는 말씀입니다.

8절은 그 약속을 받지 못하는 자들을 향하신 하나님의 심정입니다.

"내 백성이여 들으라 내가 네게 증언하리라 이스라엘이여 내게 듣기를 원하노라"

그리고 그들이 어떻게 하나님을 저버렸는가를 속속들이 고발하셨습니다.

1. 다른 신을 두고 이방신에게 절함으로 하나님을 배신했습니다.

9절 "너희 중에 다른 신을 두지 말며 이방 신에게 절하지 말지어다"

이는 노골적인 배신입니다. 하나님이 보시는 앞에서 이방신과 우상을 하나님이라고 부르며 그 앞에 절함으로 하나님을 무시하고 멸시하는 행위를 일삼았습니다.
어찌 이런 자들의 입을 채우며 그들을 복으로 채우실 수 있겠습니까!

2. 하나님의 음성을 거부했습니다.

11절 "내 백성이 내 소리를 듣지 아니하며 이스라엘이 나를 원하지 아니하였도다"

이는 하나님의 음성을 듣고도 못 들은 척했다는 말입니다. 더 나아가 그런 말은 듣기 싫다고 귀를 막아버렸습니다. 그리고 그들은 하나님의 음성이 들려지는 곳을 일부러 피하고 그 음성을 거부했습니다.

또한 하나님께 굴복하지 않았습니다. 하나님 앞에서 고개 들고 자기들의 입장을 대항하듯 내세웠습니다. 이런 자들의 입을 채울 수 없다는 것은 어린아이라도 알 것입니다.

3. 그래서 하나님도 그들을 버리셨습니다.

12절 "그러므로 내가 그의 마음을 완악한 대로 버려 두어 그의 임의대로 행하게 하였도다"

이들이 언제까지 하나님 없이 살 수 있는지 보려고 하나님은 그들을 버리셨습니다. 그들의 고집대로, 하고 싶은 대로, 마음껏 제 마음대로 살도록 그대로 두시며 그 결과를 스스로 알게 하셨습니다.

이런 자들에게 오늘 이 말씀을 주신 것은 이 음성을 듣고 돌이키면 다시 그 약속을 지키시겠다는 것입니다. 하나님의 심정은 우리를 살리고 우리의 입을 채워서 복되게 하시려는 것입니다. 우리는 이 사실을 놓쳐서는 안 됩니다.

청중 적용

사랑하는 여러분!

1. 오늘 우리의 입도 채워야 합니다.

우리의 입은 우리 삶의 주변에 해결되지 않는 문제들과 그로 인한 부족들을 뜻합니다. 이런 우리의 입이 채워지지 않을 때 우리는 힘들고 고통스럽습니다.

우리는 나름대로 입을 채우기 위한 노력들을 합니다. 그런데도 왜 여전히 우리의 입이 채워지지 않을까요? 그것은 우리의 입이 채워지지 못하게 방해하는 세력이 있기 때문입니다. 이 방해의 세력이 가로막기에 문제가 사라지지 않는 것입니다.

14절 "그리하면 내가 속히 그들의 원수를 누르고 내 손을 돌려 그들의 대적들을 치리니"

하나님은 이 방해의 세력을 원수와 대적들이라고 하십니다. 문제는 이 방해의 세력들을 우리의 힘으로는 물리칠 수 없고 하나님의 손으로만 물리칠 수 있습니다.

그러므로 우리는 하나님의 손길이 절실히 필요합니다. 이 원수가 우리의 입을 채울 수 없도록 가로막는 것을 물리쳐야 하기 때문입니다. 방법은 오직 하나뿐입니다.

2. 하나님(약속)을 떠난 삶에서 어서 돌이켜야 합니다.

13절의 하나님의 애타는 음성을 듣고 아멘 해야 합니다.

"내 백성아 내 말을 들으라 이스라엘아 내 도를 따르라"

자기 백성들의 텅 빈 삶을 채워 주시려는 애타는 아버지의 음성입니다. 이 음성을 들을 기회가 있는 것만으로도 우리는 행복한 자입니다.

1) 내 입을 채우시려는 하나님의 음성으로 들어야 합니다.

누구든지 이 음성을 아멘으로 받고 하나님의 말씀대로 살면 입을 여는 대로 채워 주십니다. 내 입을 가로막았던 원수들도 하나님의 손으로 누르고, 대적을 치셔서 완전히 해결해 주십니다.

2) 형식적이고 외식적인 태도를 버리십시오!

15절 "여호와를 미워하는 자는 그에게 복종하는 체할지라도 그들의 시대는 영원히 계속되리라"

'그에게 복종하는 체할지라도', 이 말은 하나님과 세상에 양다리 걸치는 상태를 의미합니다. 속으로는 하나님을 미워하면서 겉으로는 안 그런 척하고, 하나님께 열심인 척하면서 세상에 속한 자의 양면적인 속내입니다.

하나님께 모든 것을 맡기고 하나님만 전적으로 신뢰하며 믿음을 지키면 반드시 입을 여는 대로 채워 주십니다.

3) 하나님은 전능하신 분입니다. 끝까지 하나님을 의지하는 자에게 약속하신 좋은 것을 주시는 분입니다.

16절을 보십시오!

"또 내가 기름진 밀을 그들에게 먹이며 반석에서 나오는 꿀로 너를 만족하게 하리라 하셨도다"

우리의 입에 좋은 것으로 채우시는 하나님이 바로 나의 하나님이십니다. 하나님께 돌아가기만 하면 이런 복을 마르지 않도록 쏟아 주십니다.

청중 결단

네 입을 크게 열라 내가 채우리라!

여기서 입을 크게 열라는 말은 무슨 의미입니까?
무엇이든지 구하라는 말입니다.
어떤 소원이라도 이루어 주신다는 약속입니다.
하나님을 바로 섬기면 무엇이든지 이루어 주신다는 약속입니다.
믿음을 지키고 하나님을 저버리지 않으면 이 약속은 내 것입니다.
우리는 입을 크게 열어 우리의 삶을 채우시는 기적을 누립시다.

이에 백성들이 아침에 일찍이 일어나
서 드고아 들로 나가니라 나갈 때에 여
호사밧이 서서 이르되 유다와 예루살렘
주민들아 내 말을 들을지어다 너희는
너희 하나님 여호와를 신뢰하라 그리하
면 견고히 서리라 그의 선지자들을 신
뢰하라 그리하면 형통하리라 하고
백성과 더불어 의논하고 노래하는 자들
을 택하여 거룩한 예복을 입히고 군대
앞에서 행진하며 여호와를 찬송하여 이
르기를 여호와께 감사하세 그의 인자하
심이 영원하도다 하게 하였더니
그 노래와 찬송이 시작될 때에 여호와
께서 복병을 두어 유다를 치러 온 암몬
자손과 모압과 세일 산 주민들을 치게
하시므로 그들이 패하였으니
곧 암몬과 모압 자손이 일어나 세일 산
주민들을 쳐서 진멸하고 세일 주민들을
멸한 후에는 그들이 서로 쳐죽였더라

대하 20:20~23

03 노래하는 자들

역대하 20:20~23

핵심관점

||| 노래하는 자들을 택하여

지금 유다는 연합군의 침략으로 나라를 잃을 수도 있는 위기 상황을 맞았습니다. 모압, 암몬, 마온 연합군이 유다를 빼앗기 위해서 단단히 준비하고 쳐들어왔기 때문입니다. 당연히 유다는 국가 비상사태를 선포하고 어서 이들을 막아낼 준비를 해야 합니다. 하지만 유다의 왕 여호사밧은 전쟁 준비는 하지 않고 금식을 선포하고 하나님의 방법을 구합니다.

이런 여호사밧의 중심을 보신 하나님은 응답으로 17절을 주셨습니다.

"이 전쟁에는 너희가 싸울 것이 없나니 대열을 이루고 서서 너희와 함께 한 여호와가 구원하는 것을 보라. 너희는 두려워하지 말아라"

이에 여호사밧은 하나님께서 주신 응답을 힘입어 아침 일찍 일어나 두려워하는 백성들을 모으고 하나님의 음성을 전하며 용기를 주고 격려했습니다.

20절 "너희는 너희 하나님 여호와를 신뢰하라 그리하면 견고히 서리라 선지자들을 신뢰하라 그리하면 형통하리라"

이 이야기를 들은 백성들이 얼마나 힘이 났겠습니까!

설교를 이끄는 관점

그런데 21절에는 이렇게 말씀하십니다.

"백성들과 더불어 의논하고 노래하는 자들을 택하여 거룩한 예복을 입히고 군대 앞에서 행진하며"

지금은 전쟁 중입니다! 이런 상황에 무슨 노래하는 자들을 세워 군대 앞에서 노래를 시킨다는 것입니까? 아무리 하나님의 응답이 있었다 하더라도 이건 말도 안 되는 행동입니다.

성경을 자세히 보십시오!
하나님께서 이런 짓을 하라고 말씀하셨다는 내용도 없습니다.
왜 갑자기 무슨 노래입니까? 벌써부터 전쟁을 이겼다는 잔치라도 벌이려는 것입니까!

지금은 전쟁 중입니다!
전쟁은 잔치가 아니라 목숨 걸고 나라를 지키기 위해 싸워야 하는 시간입니다. 노래하면서 즐기는 것은 미친 짓입니다!
이건 누가 보아도 아닙니다!
이런 일을 시키는 왕도 따라서 하는 백성들도 모두 제정신이 아닙니다.

하나님의 목적으로 해결

왜 여호사밧은 이런 일을 시킨 것일까요?
여호사밧은 위기를 신앙으로 극복한 사람입니다. 그의 중심에는 하나님이 계십니다.
이런 여호사밧이 다소 엉뚱하게 보이지만 분명한 이유가 있기에 전쟁 중에 노래를 부르면서 행진하게 한 것입니다.

여호사밧이 노래하는 자들을 군대 맨 앞에 내세운 것은,
여호사밧의 믿음을 드러낸 것입니다.

어떤 믿음입니까!

이 전쟁은 하나님께서 이기신 전쟁임을 모두에게 선포하고 승리의 하나님께 노래(찬양)로 먼저 감사하려는 것입니다.

이것이 여호사밧이 가지고 있는 믿음이고, 응답을 주신 하나님께 드리는 화답(신앙고백)이었습니다.

승리의 하나님께 드리는 감사와 찬양이기에,

1. 백성들과 의논하여 노래하는 자들을 택했습니다(21절).

"택하여"라는 말씀은 특별히 노래 잘하는 사람들을 뽑았다는 것입니다. 하나님께 드리는 찬양이기에 특별히 노래에 소질이 있는 자들을 구별해 하나님께 나아가게 했습니다.

2. 거룩한 예복을 입혔습니다(21절).

예복을 입힘으로 하나님을 찬양하는 자들의 자세와 믿음을 보였습니다. 노래하는 자들이 예복으로 하나 되어 한 믿음으로 찬양하게 했습니다.

3. 이들이 감사의 찬양을 드렸습니다(21절).

왜 감사했을까요?
이미 이겼다고 확신했기 때문입니다. 이것은 찬양의 목적입니다.
주신 은혜도 찬양, 주실 은혜도 믿음으로 찬양하는 것이 찬양의 목적입니다.

4. 찬양이 시작될 때 하나님이 기적을 주셨습니다(22절).

'노래와 찬송이 시작될 때에 여호와께서 복병을 두어서 유다를 치러 온 자'들을 하나님께서 직접 물리치셨습니다.

여호사밧과 노래하는 자들의 믿음을 모두 받으시고 응답 주신 대로 승리를 주셨습니다.

청중 결단

사랑하는 여러분!

1. 노래하는 자들이 누구였는습니까? 성가대입니다.

여러분은 성가대가 왜 존재하는지 알고 있었습니까?

내가 성가대 자리에 앉아있는 이유를 알고 있었습니까?
내가 성가대에서 노래하는 것이 어떤 의미가 있는지도 알고 있었습니까?
성가대를 가볍게 여기는 자들이 많습니다. 그저 아무렇게나 앉아서 찬양만 하면 되는 것으로 생각하는 사람이 적지 않습니다. 가운만 입으면 성가대라고 생각하는 것은 오해입니다. 하나님은 성가대의 찬양을 아주 특별하게 여기십니다.

2. 노래와 찬송이 시작될 때 하나님께서 움직이셨습니다!

하나님은 찬양과 함께 이적을 베푸셨습니다. 우리가 성가대에서 드리는 찬양을 받으시고 하나님께서 움직이신다는 믿음이 있습니까!

이 얼마나 감격스런 일입니까!

내 목소리를 들으시고 하나님께서 반응하신다니 참으로 놀라운 일이고 감사한 일입니다. 그러니 대충, 아무렇게나, 되는 대로 하면 안 되는 것입니다.

1) 자신이 구별된 자임을 잊지 마십시오!

옷만 구별되게 입는 것이 아니라 신앙과 생활이 구별되어야 합니다. 입술만 드리는 자가 아닙니다. 삶 전체가 구별된 자임을 잊어서는 안 됩니다.

2) 믿음으로 고백하는 찬양이 하나님의 응답을 받습니다!

노래 실력도 중요합니다. 실력에 믿음을 더하면 하나님의 주목을 받습니다! 하나님을 찬양하기에 실력과 믿음이 모두 있어야 합니다. 실력도 믿음도 보여드려야 합니다.

3) 하나님은 이 교회의 찬양으로 교회의 문제를 해결하십니다!

매 주일 성가대의 찬양은 교회와 성도들의 문제를 해결하시는 하나님의 손길이 임하게 합니다. 그 찬양으로 문제를 해결하기 시작하십니다.

청중 결단

성가대는 기적을 불러오는 주인공입니다!

1) 주신 은혜에 감격으로 찬양하십시오.
   은혜가 고갈되면 찬양이 아니고 노래입니다.
2) 오늘 주실 기적을 찬양하십시오.
   하나님께 집중하십시오.
3) 구별되고 절제된 생활을 하십시오.
   이것이 능력을 주시는 통로입니다.
4) 예배를 리드하십시오.
   잘못된 태도를 바로잡고 적극적인 예배의 리드자가 되십시오.
5) 연습과 영성을 겸비하십시오.
   영성으로 연주하는 것입니다. 발표가 아닙니다.

하나님은 반드시 여러분을 기적의 주인공으로 사용하십니다!

도움을 구하러 애굽으로 내려가는 자들은 화 있을진저 그들은 말을 의지하며 병거의 많음과 마병의 심히 강함을 의지하고 이스라엘의 거룩하신 이를 앙모하지 아니하며 여호와를 구하지 아니하나니
여호와께서도 지혜로우신즉 재앙을 내리실 것이라 그의 말씀들을 변하게 하지 아니하시고 일어나사 악행하는 자들의 집을 치시며 행악을 돕는 자들을 치시리니
애굽은 사람이요 신이 아니며 그들의 말들은 육체요 영이 아니라 여호와께서 그의 손을 펴시면 돕는 자도 넘어지며 도움을 받는 자도 엎드러져서 다 함께 멸망하리라

이사야 31:1-3

04 애굽으로 내려가지 마라

이사야 31:1-9

핵심관점

| 애굽

살다보면 다급한 일이 한두 번 생기는 것이 아닙니다. 그때는 눈에 보이는 것이 없습니다. 도움이 될 만한 것이라면 어떤 것이라도 붙잡게 됩니다. 지금 유다의 실정이 말이 아닙니다.

앗수르의 거센 힘 앞에서 어찌할 수 없는 상황이 눈앞으로 다가왔습니다. 북쪽 이스라엘에 비교하면 겨우 두 지파 정도의 작은 유다는 혼란과 두려움을 어찌해야 될지 앞이 보이지 않습니다. 이때 유다 지파 몇 사람은 비밀리에 애굽으로 건너가서 앗수르의 손에서 자신들을 구원해 줄 것을 청했습니다. 어찌 보면 국가적인 위기 앞에서 당연한 처신입니다.

그런데 하나님께서 이 사실을 아시고 거세게 책망하십니다.

설교를 이끄는 관점

1절 "도움을 청하러 애굽으로 내려가는 자들은 화 있을진저"

애굽으로 도움을 청하러 간 자들을 저주하고 계십니다. 아니, 이들은 지금 자신의 명예와 부를 구하러 간 것이 아닙니다. 위기에 처한 나라를 살려보겠다고 위험을 무릅쓰고 먼 길을 간 자들입니다. 이런 자들에게 칭찬은 못할망정 저주를 퍼부으시다니 해도 너무한 일입니다.

2절을 보면 더 심한 말씀도 하십니다.

"여호와께서 지혜로우신즉 재앙을 내리실 것이라 그의 말씀들을 변하게 하지 아니하시고 일어나사 악행하는 자들의 집을 치시며 행악을 돕는 자를 치시리니"

이 말씀에는 몇 가지 주목할 부분이 있습니다.

　* 여호와는 지혜로우신즉 - 하나님을 속일 수 없다는 뜻입니다.
　* 재앙을 내리실 것이라 - 애굽으로 도움을 청하러 간 자들을 가만두지 않으시겠다는 또 한 번의 강조입니다.
　* 그의 말씀들을 변하게 하지 아니하시고 - 절대로 용서하지 않는

다는 의지의 표현입니다.

 * 행악하는 자의 집을 치시리니 - 애굽으로 간 자들의 집까지 벌을 주신다는 것입니다.

 * 행악을 돕는 자를 치시리니 - 그를 돕는 자도 가만두지 않겠다는 것입니다.

왜 이렇게 애굽을 싫어하시는 것입니까?
애굽의 도움을 받는 것이 저주와 재앙을 받을 만큼 큰 죄를 짓는 것입니까? 그들의 집과 동료들까지 가만두지 않으시겠다니 이건 너무 심하신 처사입니다.

쓰러져가는 나라를 살려보겠다고 먼 애굽까지 내려가서 머리 숙이며 도움을 청하던 지도자들이 이런 하나님의 말씀을 듣고서 얼마나 힘이 빠지고 허탈하겠습니까!

나라를 살리려고 애쓰는 자신과 자신의 집에 재앙이라니 기가 막히고 억울해서 견딜 수 없을 것입니다.

하나님의 목적으로 해결

하나님께서 이러시는 이유가 무엇입니까?
하나님이 애굽을 싫어하시는 이유가 1절 마지막 부분에 있습니다.

"그들은 말을 의지하며 병거의 많음과 마병의 심히 강함을 의지하고 이스라엘의 거룩하신 이를 앙모하지 아니하며 여호와를 구하지 아니하나니"

하나님께서 애굽으로 내려가지 말라고 하신 것은 그것이 하나님을 무시하는 행위이기 때문입니다. 애굽보다 못한 하나님으로 취급했습니다.

하나님은 이런 이들의 속내를 다 아시고 그들의 생각을 드러내셨습니다.

3절 "애굽은 사람이요 신이 아니며 그들의 말들은 육체요 영이 아니라 여호와께서 그의 손을 펴시면 돕는 자도 넘어지며 도움을 받는 자도 엎드러져서 다 함께 멸망하리라"

그들은 애굽을 신으로 여겼습니다.
애굽의 말들과 병거만 있으면 모든 것이 다 되는 줄 알았습니다.
그들이 그렇게 의지하는 애굽의 모든 것이 하나님의 손에 있다는 것을 잊고 있었습니다.

하나님은 자기 백성을 향한 하나님의 심정을 밝히셨습니다.

1. 사자가 자기의 먹잇감을 놓치지 않는 것처럼 절대로 당신의 백성들을 앗수르에게 내어주지 않으신다고 하셨습니다(4절).
2. 새가 날개를 치며 그 새끼를 목숨 걸고 보호하는 것처럼 하나님께서 그 백성들을 끝까지 지키신다고 하셨습니다(5절).

3. 지금이라도 늦지 않았으니 돌아오라고 하셨습니다(6절).

4. 그날 그들이 얼마나 어리석은 자인가를 보이실 것이라 하셨습니다(7절).

5. 애굽의 칼이 아니라 하나님의 칼이 앗수르와 그 무리들을 처단하리라고 약속하셨습니다(7-8절).

9절을 주목해야 합니다.

"여호와의 불은 시온에 있고 여호와의 풀무는 예루살렘에 있느니라"

여호와께서는 애굽에 계신 것이 아니라 시온에, 예루살렘에 있다고 하셨습니다. 바로 그들 곁에 계심을 다시 한 번 알게 하셨습니다.

위기를 만나면 애굽으로 가지 말고 시온으로, 예루살렘으로 올라오면 된다고 하셨습니다.

애굽은 우리를 지킬 수 없습니다. 하나님께 모든 방법이 있습니다. 하나님을 의지하는 자는 반드시 하나님께서 책임지십니다.

청중 적용

사랑하는 여러분!

1. 오늘 우리에게도 위기나 위험들이 옵니다.

이런 위기나 위험들은 우리를 힘들게 합니다. 우리의 생활을 혼

란스럽게 하고 두려움과 스트레스를 일으켜서 영과 육을 병들게 합니다.

이때 우리도 애굽을 찾습니다.
애굽을 찾는다는 것은 자신이 생각하는 대로 해결 방법을 찾는다는 것입니다. 할 수 있는 모든 방법과 여건들을 동원하여 문제를 극복하려고 합니다. 위기를 극복하려는 적극적인 자세는 아주 좋은 모습입니다. 하지만 주의해야 할 것은 이때 애굽으로 내려가려는 유혹을 받는다는 것입니다.

눈에 보이는 세상적인 방법을 당연하게 여기고 좇아가려고 합니다.
어떤 문제의식이나 신앙의 거리낌도 없이 애굽의 도움을 청합니다. 애굽의 방법을 사용합니다. 이때 하나님을 놓치게 됩니다. 하나님을 외면하게 됩니다. 어떤 경우 하나님을 아주 떠나버리기도 합니다.

3절을 놓치면 안 됩니다.

"애굽은 사람이요 신이 아니며 그들의 말들은 육체요 영이 아니라 여호와께서 그의 손을 펴시면 돕는 자도 넘어지며 도움을 받는 자도 엎드러져서 다 함께 멸망하리라"

2. 애굽으로 내려가면 안 됩니다.

위기와 시험을 당할 때 애굽으로 가는 것은 하나님을 외면하는 것이고 교회를 등지는 것입니다. 이 방법은 결코 좋은 방법이 아닙니다.

1) 애굽으로 내려가면 모두가 망합니다.
6절을 보십시오! 애굽으로 가는 길목을 하나님께서 막고 계십니다.

"이스라엘 자손들아 너희는 심히 거역하던 자에게로 돌아오라"

애굽으로 내려간 자들은 하나님을 배신하고 큰 죄악을 일삼던 무리입니다. 하나님은 이들에게서 돌아오라고 길을 막고 계십니다.
애굽으로 내려가면 모두가 망하기 때문입니다.

2) 애굽으로 내려간 자들의 실상은 아무것도 없습니다.

7절 "너희가 각기 손으로 만들어 범죄 한 은 우상, 금 우상을 그 날에는 각 사람이 던져 버릴 것이며"

애굽으로 내려간 자들이 애굽의 방법대로 은 우상과 금 우상을 만들며 살았지만 결국은 그들이 만든 그 우상을 던져버릴 날이 온다는 것입니다. 이는 애굽으로 내려간 결과가 아무것도 얻는 것이 없이 실패뿐일 것이라는 경고입니다.

3) 하나님께서는 지금도 애굽으로 내려가는 자들을 아시기에 책망하고 계십니다.
애굽으로 내려가면 아무것도 얻지 못하고 실패하는 것을 아시기에 자기 백성들을 향해 책망과 꾸지람을 멈추지 않으십니다.

청중 결단

하나님의 불과 풀무는 교회에 있습니다.

"여호와의 불은 시온에 있고 여호와의 풀무는 예루살렘에 있느니라"

하나님의 해결이 있습니다. 그 해결은 시온, 교회로 올라오는 자에게만 주십니다. 위기에 처했습니까? 교회로 올라와서 해결을 받으십시오!

교회를 멀리해서는 아무것도 남는 것이 없습니다.
여호와의 불과 풀무는 교회 안에서 이루어지는 예배를 통하여 나타납니다. 예배에 목숨을 걸어야 위기가 물러가고 애굽의 유혹을 이길 수 있습니다.

믿음으로 야곱은 죽을 때에 요셉의 각
아들에게 축복하고 그 지팡이 머리에
의지하여 경배하였으며

히브리서 11:21

05 요셉의 각 아들

히브리서 11:21

핵심관점

||| 요셉의 각 아들에게 축복하고

야곱의 인생은 한마디로 파란만장하다 해도 지나친 말이 아닙니다. 야곱은 어린 나이에 자신의 의지와 관계없이 아비와 어미를 등지고 떠났습니다. 어머니 리브가의 당부로 삼촌 라반의 집에 머물면서 십 수 년을 죽도록 일만 해야 했습니다. 삼촌 라반이 딸을 이용하여 야곱을 속이고 품삯도 제대로 주지 않았기 때문입니다.

그 후 야곱은 하나님의 도우심으로 거부가 되어 떠났지만 딸이 사고를 당하고 자식들은 살인을 저지르는 등 겪지 말아야 할 일들로 힘든 시간을 보냈습니다.

이런 야곱을 더욱 힘들게 한 것은 노년에 얻은 요셉을 잃은 상처를 안고 사는 시간이었습니다. 하지만 천신만고 끝에 요셉과 재회하는 은혜를 받았습니다. 그리고 이방 땅에서 죽음에 이르기 전 요셉의 각 아들들에게 축복했습니다.

창 48:8-22에는 야곱이 요셉의 각 아들에게 축복한 내용이 담겨 있습니다.

설교를 이끄는 관점

히 11:21에서는 야곱이 요셉의 각 아들들을 축복한 것을 기억하며 이런 야곱의 행동은 믿음으로 이루어진 일이라고 했습니다. 그러나 우리가 주목해야 하는 것은 야곱이 요셉의 각 아들을 축복할 때 이해하기 어려운 실수를 한 대목입니다.

"오른손으로는 에브라임을 이스라엘의 왼손을 향하게 하고 왼손으로는 므낫세를 이스라엘의 오른손을 향하게 하여 이끌어 그에게 가까이 나아가매 이스라엘이 오른손을 펴서 차남 에브라임의 머리에 얹고 왼손을 펴서 므낫세의 머리에 얹으니 므낫세는 장자라도 팔을 엇바꾸어 얹었더라"(창 48:13-14)

분명히 요셉은 장자 므낫세가 아버지 야곱의 오른손을 향하도록 하고, 차남 에브라임은 야곱의 왼손을 향하도록 아들들을 인도했습니다. 그런데 야곱이 팔을 엇바꾸어 장자 므낫세의 머리에 왼 손을 얹고, 차남 에브라임의 머리에 오른손을 얹었습니다. 아버지 야곱의 이런 행동은 요셉의 마음을 아주 불편하게 했습니다.

"요셉이 그 아버지가 오른손을 에브라임의 머리에 얹은 것을 보고 기뻐하지 아니하여 아버지의 손을 들어 에브라임의 머리에서 므낫세의 머리로 옮기고자 하여 그의 아버지에게 이르되 아버지여 그리 마옵소서 이는 장자이니 오른손을 그의 머리에 얹으소서 하였으나"(창 48:17-18)

요셉은 곧바로 아버지 야곱의 행동이 잘못되었음을 말씀드리고 올바르게 축복해 주기를 요청했습니다. 하지만 야곱은 요셉의 말을 듣지 않습니다. 이런 야곱의 모습은 아들 요셉과 장자 므낫세의 마음을 매우 불편하게 했습니다.

이러면 안 됩니다!
장자 므낫세의 입장에서 얼마나 모욕감을 느꼈겠습니까!
므낫세가 분명한 장자인데 그가 보는 앞에서 차남인 에브라임을 장자처럼 대우하다니 견딜 수 없었을 것입니다. 므낫세뿐 아니라 아비 요셉도 야곱의 행동에 기분이 상했습니다.
"요셉이 그 아버지가 오른손을 에브라임의 머리에 얹은 것을 보고 기뻐하지 아니하여"라고 한 것을 보면 요셉의 심기가 얼마나 상했는지 노골적으로 드러납니다.

나이 많은 야곱이 손자들에게 실수할 수 있습니다.
그런데 왜 야곱은 끝까지 자신의 실수를 바로 고치려 하지 않았을까요?
만약 여러분이 이 상황에 처했다면 어떤 행동을 하겠습니까!
그리고 오늘 본문은 이런 야곱의 행동을 왜 믿음이라고 합니까?

하나님의 목적으로 해결

이는 야곱이 실수한 것이 아니기 때문입니다.

"그의 아버지가 허락하지 아니하며 이르되 나도 안다 내 아들아 나도 안다 그도 한 족속이 되며 그도 크게 되려니와 그의 아우가 그보다 큰 자가 되고 그의 자손이 여러 민족을 이루리라 하고 그 날에 그들에게 축복하여 이르되 이스라엘이 너로 말미암아 축복하기를 하나님이 네게 에브라임 같고 므낫세 같게 하시리라 하며 에브라임을 므낫세보다 앞세웠더라"(창 48:19-20)

야곱은 장자와 차남을 구분하지 못해서 이런 실수를 저지른 것이 아니라 하나님의 인도하심에 따라서 하나님의 계획이 무엇인지를 보여준 것입니다.

사람의 앞길은 하나님께서 인도하십니다.
하나님께서 계획하신 길은 그 누구도 막거나 변경할 수 없습니다.
지금 야곱은 우리를 인도하시는 살아계신 하나님을 보여주고 있습니다.

* 믿음은 하나님의 계획하심을 믿고 따르는 것입니다.

1. 요셉은 장자 므낫세가 장자의 축복을 받고 장자의 복을 누리는 것이 당연하다고 생각했기에 아버지 야곱의 행동을 불편하게 여겼습니다.

이는 하나님의 복을 구하면서도 아비 요셉의 의지를 내려놓지 못한 모습입니다. 아비 요셉의 욕심대로, 아비 요셉의 기대대로 하고 싶은 모습입니다. 하나님의 복과 그분의 뜻을 앞세우기보다는 아비의 욕심과 의지를 나타내려는 모습입니다.

2. 야곱은 하나님께서 각 손자들에게 내리실 복을 확신했고, 믿음으로 축복하는 것을 멈추지 않았습니다.

야곱의 행동을 나이 많은 노인의 실수로 여기고 손자들을 축복하는 야곱을 요셉과 주변 사람들이 제지하며 방해했습니다. 하지만 야곱은 믿음으로 끝까지 하나님께서 원하시는 것이 무엇인지를 보여 주었습니다(48:19-20).

이것이 야곱의 살아있는 믿음입니다.

3. 야곱은 하나님을 대신하여 하나님의 복을 선포했습니다(히 11:21).

"그 지팡이 머리에 의지하여"

이는 야곱이 어떤 자세로 하나님의 복을 선포했는지 알게 하는 부분입니다. 야곱은 편안하게 앉아서 복을 선포한 것이 아닙니다. 그는 하나님의 음성을 선포하는 자세로, 하나님의 음성을 대언하는 자세로 요셉의 각 아들들의 미래를 하나님의 심정으로 축복했습니다.

"경배하였으며"

야곱이 축복한 내용이 어디서 온 것인지를 밝히는 부분입니다. 요셉의 각 아들에게 주신 미래가 복이든, 저주든, 믿음으로 아멘하며 하나님의 뜻을 전달했습니다. 할아버지로서, 아비로서 자신의 생각을 앞세우지 않았습니다.

4. 믿음으로 야곱은 계속해서 하나님의 인도하심을 좇으라고 당부했습니다(48:21).

"나는 죽으나 하나님은 너희와 함께 계시사 너희를 인도하여"

야곱은 요셉과 그의 자손들이 오늘과 같은 실수를 되풀이해서는 안 된다고 유언적인 당부를 했습니다. 하나님의 뜻을 좇는 것만이 복된 길을 가는 것입니다.

청중 적용

사랑하는 여러분!

1. 우리는 아비나 어미로서 우리의 자녀들에게 어떤 심정을 보여주고 있습니까?

만일 우리 자녀들이 에브라임과 므낫세 같은 상황에 처한다면 어떻게 하겠습니까!

* 우리도 요셉처럼 장자를 고집하는 경향이 많습니다.

장자(아들)에 대한 아주 특별한 애정과 애착이 있습니다. 그러나 이런 부모들의 말과 행동 때문에 다른 자녀들이 상처 받고 아파한다는 사실을 모릅니다. 부모들의 생각이 당연하다고 여기기 때문입니다.

* 왜 장자(아들)만 더 잘되어야 한다고 생각합니까!

여러 가지 이유가 있지만 집안을 대표하며, 부모들을 모셔야 한다는 생각과 부모들의 제사를 지내준다는 막연한 기대심 때문입니다. 하지만 이런 부모들의 생각은 장자(아들)에게 커다란 부담이 됩니다. 다른 형제들과 갈등의 원인이 되기도 합니다.

* 아직도 믿음의 가정에서 이런 일들이 일어난다면 큰일입니다.

이는 불신앙의 사람들에게 나타나는 모습입니다.

2. 믿음으로 각 자녀들에게 예비된 복을 받고 누려야 합니다.

하나님은 우리 각 자녀들을 향하여 각각의 은혜를 베푸십니다. 모두 에브라임일 수 없으며, 모두 므낫세일 수 없습니다.

1) 각 자녀들에게 향하신 하나님의 계획을 믿으십시오!

하나님의 뜻이 이루어지는 것이 복입니다. 부모의 욕심과 기대가 하나님보다 앞서면 그 자녀는 복을 누릴 수 없습니다. 하나님의 계획을 부모가 가로막기 때문입니다. 부모의 눈으로 바라보지 마시고 하나님의 눈으로 바라보십시오!

하나님께서 각 자녀들을 향하여 준비하신 세계가 있습니다. 그 하나님의 계획을 믿고 따르는 것이 믿음입니다.

2) 우리의 자녀들도 하나님의 인도하심에 대한 믿음을 가지게 해야 합니다.

각 자녀들이 믿음으로 하나님의 뜻을 살펴서 좇아가게 해야 합니다. 자녀들 스스로 하나님께 물으며 자신의 생각을 굴복하도록 훈련해야 합니다.

신앙을 벗어난 자녀들의 문제를 그냥 넘기면 안 됩니다. 신앙의 과정이 없는 복은 복이 아닙니다. 하나님의 계획이 무엇이든지 믿음으로 받아들이고 그 안에서 복을 누리게 해야 합니다.

3) 욕심을 버리고 하나님의 심정으로 각 자녀들의 미래를 축복하십시오!

야곱과 요셉이 복을 주는 자가 아닙니다. 우리 자녀들을 복 주시는 분은 오직 하나님 한 분뿐이십니다!

청중 결단

내 자녀의 신앙과 삶을 점검합시다.
각 자녀들이 준비 된 복을 잃지 않도록 야곱의 눈으로 바라봅시다! 각 자녀를 축복하는 부모가 됩시다!